品格向上

张福才　富铁东◎编著

中国财富出版社

图书在版编目（CIP）数据

品格向上／张福才，富铁东编著 . —北京：中国财富出版社，2015.1
（青少年社工服务系列丛书）
ISBN 978 - 7 - 5047 - 5457 - 8

Ⅰ.①品…　Ⅱ.①张…②富…　Ⅲ.①社会工作—青少年读物
Ⅳ.①C916 - 49

中国版本图书馆 CIP 数据核字（2014）第 274109 号

策划编辑	刘天一	**责任印制**	何崇杭
责任编辑	王　波　赵笑梅	**责任校对**	梁　凡

出版发行	中国财富出版社			
社　　址	北京市丰台区南四环西路 188 号 5 区 20 楼		**邮政编码**	100070
电　　话	010 - 52227568（发行部）		010 - 52227588 转 307（总编室）	
	010 - 68589540（读者服务部）		010 - 52227588 转 305（质检部）	
网　　址	http://www.cfpress.com.cn			
经　　销	新华书店			
印　　刷	北京京都六环印刷厂			
书　　号	ISBN 978 - 7 - 5047 - 5457 - 8/C · 0185			
开　　本	710mm × 1000mm　1/16		**版　　次**	2015 年 1 月第 1 版
印　　张	13.25		**印　　次**	2015 年 1 月第 1 次印刷
字　　数	148 千字		**定　　价**	32.00 元

序言　生于忧患，死于安乐

古人云："生于忧患，死于安乐。"大概意思是说，人在忧患中才能得以生存发展，在安乐中就会走向灭亡。这就告诫人们，要有忧患意识，也就是要有危机意识。现如今，孩子的生活越来越好，父母总希望给孩子提供更好的物质享受，这就会使孩子慢慢失去忧患意识，变得贪图安逸。

在如今竞争激烈和压力巨大的社会中，一个只顾享受安逸而没有忧患意识的人是无法适应的，而不能适应社会很快就会被社会淘汰。所以，父母不要只给孩子提供丰厚的物质享受，千万莫让安逸控制了孩子的心智。

从古到今，很多富裕家庭都是将自己的财富留给孩子，就是现在很多普通的家庭也会传出这样的声音："孩子，爸爸妈妈整天忙碌工作挣钱不都是为了你嘛，你一定要好好学习。放心吧，我们挣的钱迟早都是你的，我们也不能带进棺材里。你要是不能顺利考上大学，你怎么对得起我们为你操的这份心呢？"

父母的这些话的确是肺腑之言，对孩子是情深意重。但父母这

1

样教育孩子也要为自己的教育失误付出代价，往往这些孩子在理解了父母的良苦用心时，已经走进了安逸的大门，失去了忧患意识。

美国卡耐基基金会曾做过一项社会调查，结果发现在继承十万美元以上财产的孩子当中，有高达三成的孩子会放弃工作，整天只知道吃喝玩乐，直到花光所有的家产。之后孩子便只能孤独地生活，有些甚至精神崩溃在走投无路的情况下选择了犯罪的道路。

有一位富豪名叫罗斯柴德，他在临终前将所有的财产留给了儿子，但是他的孩子在父亲去世的第二年被人发现死在了纽约的大街边上，经法医鉴定死因是过度的吸食毒品。这一年他才二十出头，多好的青春年华啊！就这样被毒品折损了。

受传统家庭教育思想的影响，很多孩子胸无大志没有一点追求，他们往往生活条件富足，但缺乏拼搏意识，创新和竞争能力薄弱，更没有坚强的意志和经受磨难的毅力，这就是青少年品格教育的缺失造成的。

很多家长也发现了品格教育缺失的严重性，并设法警醒孩子让其迷途知返，但家长仍旧这样和孩子说："不就是个名牌的衣服嘛，咱们现在就去买！""买个笔的钱都没有了，看把我的儿子苦的，一百块钱够不够，只要是学习用，需要多少钱只管来找你爸拿！"由此看来，需要警醒的不是孩子，而是家长自己，他们在教育孩子的过程中存在着严重的问题。

美国总统尼克松曾经说过："对一个人来说，真正重要的不是他的背景、他的肤色、他的种族，而是他的品格。"美国心理学家推孟的一项长期追踪研究证明了这一点：他和助手们从 25 万名儿童中选出 1500 名智力较好的儿童，并对他们进行跟踪调查，30 年后这些孩子有的成了社会名流、专家、学者，而有的穷困潦倒、乞讨街头。

研究发现，那些后来成功的孩子大都具有优良的品格，而那些后来沦落街头的孩子则大多具有种种不良的品格。

成功的人大多具有诸如自信、自我接纳、珍惜生活、勤奋刻苦、认真踏实、做事专注、虚心好学、积极上进、有责任感、独立自主、有勇气、坚强乐观、热情、关爱、诚实、宽容等个性品质，这也是父母应该培养孩子具有的良好品格。

而那些失败的人则大多具有自卑、懒惰、缺乏上进心、缺乏责任心、懦弱、悲观、没有恒心、意志薄弱、依赖性强、冷漠、自私、不诚实等不良的品格。

品格是人的素质中的动力因素，影响着主体活动的动机和目的，它调节着主体活动的方式和强度，是个体行动的发起者和推动者，是一个人成才最原始、最恒久的动力，是个体行动的"总指挥"，是主体充满激情、排除内外干扰，战胜困难、达到目的的心理源泉。

富铁东

2014 年 6 月

目　录

第一章 品格塑造的内涵

第一节 品格塑造的理解

从孩子出生的那一刻起，父母都会想到给孩子充足的营养，教孩子丰富的文化知识和各种各样的技能，从不同方面来开发他的智力，却往往忽略了孩子的品格教育。

好品格是立足社会的根本，培养孩子好的品格对孩子的发展极为重要。它直接影响孩子日后的价值观、待人处事的态度、同理心的能力等。好品格是孩子以后的立人之本，万万不可忽视。

一个人的道德品质，来源于所接受的教育和个人修养。培养孩子的好品格必须从小抓起，越早在孩子的心灵中播下道德的种子越早越有利于优秀品格的形成。

从一个孩子身上就可以看到一个家庭的道德水平，所以父母在其中扮演着重要的角色，把自己的孩子培养成一个有益于社会的高素质人才，无疑是一个家庭的骄傲。

有位母亲曾经讲了她和女儿的一件事：

有一天，她和女儿去友谊大厦办事，走进大厅时，看见电梯正好停在那里，只是电梯门口的人有点多。她们加快了脚步，不想等待下一趟电梯。

这时，从她们身后急匆匆过来一位老太太，母亲就本能地向后一让，让老太太先进入了电梯。这时，电梯已经挤满了人，她们母女只好站留在电梯门口，等待下一趟了。

等母亲办完事情出来，她们又需乘电梯。这一次不用挤，电梯里只有她们母女两个人和一位老大爷。电梯很快下到了一楼，电梯门开了，站在门口的女儿却把身体向后一让说："老爷爷，您先请！"老爷爷说："孩子，你先请，爷爷走得慢。"女儿仍坚持让老大爷先出电梯门。

老大爷终于蹒跚地走出了电梯，转过身来对这位母亲说："你真有福啊，有这么好这么懂事的孩子，老来无忧啦！"

这位母亲默默地接受了老人的祝福，心想：如果女儿能一生都保持这份善良、谦让之心，她真的就是最幸福的母亲了。美德就是一种财富，让人享用一生。

她想让女儿明白并抓住这个良好的教育孩子的机会，就问女儿："你刚才为什么要请老爷爷先出电梯呀？"女儿认真地说："是妈妈你刚才教我的呀！"原来正是母亲刚才进电梯时那个不经意的礼让影响了孩子的行为。母亲高兴得表扬了孩子的行为。女儿也开心极了。

这件事情让这位母亲受到很深的启示，后来她这样说："看来，我们不能只为孩子提供丰富的物质条件，还应该给孩子留下一些更有实用意义的精神财富。善良与宽宥会让孩子拥有更多的朋友；勇气会让他无惧人生路上的挫折与挑战；真诚与豁达会让孩子拥有快乐的一生……"

可见，培养孩子良好的道德品质，会让孩子终身受益。以上事例中，这位母亲掌握了道德教育的基本功，她的做法更是值得我们每一位家长学习，这位母亲的话更值得我们这些家长去好好反思——对孩子的品德教育要从家长自身做起，而拥有好品格的家长正是孩子最好的榜样。

在教育孩子的过程中，家长也会遇到很多头痛的事情，比如孩子不听话，明明告诉孩子这样做是错误的，而孩子偏偏不听。其实，在成长过程中，孩子犯错是难免的，只有经历了，孩子才能认识到什么是错误与正确，从而总结出很多人生经验，而这些人生经验是孩子通过其他途径学不到的。

下面我们再来看一个事例：

张先生的儿子在一所重点中学读书。儿子从小就成绩优秀，表现突出。看着儿子健康快乐地成长，张先生全家人都感到幸福无比。然而，张先生对儿子也有像其他父母那样的担心：儿子的性格过于直率，做任何事情都不懂得通融，父母怕儿子将来受人排挤。

儿子上小学六年级时，他的同桌是一个很顽皮的男生，学习成绩很差。因此，每当考试或做作业的时候，他的眼睛总是盯着儿子的试卷或作业本。

偏偏儿子又是一个"死脑筋"，就是不给同桌看自己的答案，为了防止同桌的抄袭，儿子每做完一道题就用手遮着答案部分，气得同桌老是课下找他麻烦。

有时看着儿子被同桌气得闷闷不乐，张先生便告诉儿子："你学灵活一点，既然你同学想看几道题，你就给他看看嘛。对你也不损失什么，还能让你同学'感激'你。"但爸爸的这个建议换来的却是儿子的坚决反对。

儿子还很生气地说："你做家长的怎么能这样，我不给他看是为他好。他做不出来，我可以给他讲解，直到他懂为止，但不能让他抄。否则，正式考试时，他同样做不出来。"

儿子的心情家长是可以理解的，但家长就是觉得其他的孩子就不一定理解了。儿子的同桌只是在每次考试后会和他不愉快，但平时他们还是很好的朋友，只不过儿子的朋友都说他"铁石心肠，见死不救"。

儿子当上班干部后，有时同学会找他"走后门"，他总会一句话回绝，甚至还吓唬同学要交给老师处理。很多同学在气头上甚至骂儿子不够朋友。张先生为此很是担心，但儿子却说："放心吧，同学们都那么聪明，怎么会有人想不明白呢，他们有时只是说说气话而已。"尽管如此，做家长的还是不能放心。

这个例子说明，孩子通过自我修养建立了好品质，父亲"教不坏"孩子。这表明如果孩子具有良好的品德，那么，家长不需要对孩子的人际关系有过多的担心。有好品格的孩子到哪都是受欢迎的，更是受人尊重的。在品格塑造的过程中，良好的品格形成是与坏品格不断斗争的结果。对于青少年教育来说，最重要是要让孩子认识到什么是对的，什么是错误的。

这个社会总有一天是要交给孩子们的，他们应该学会适应社会，而家长要做的就是培养孩子具有良好的品格。

品格由各种具体环境所塑造，或多或少受到个人的调控。一个行为哪怕再微不足道，也会对现实产生一定影响。这就好比一根头发，即使再细小，也能在地上投下影子。

每一个行为、想法和感觉，都能影响人的秉性、习惯和理解力的塑造；同时也对今后生活中的举动产生不可避免的影响。因此品格通常与时推移，一方面可能锦上添花，而另一方面可能等而下之。英国艺术批评家拉斯金曾说："我的生活中没有什么错误或荒唐行为能够使我亲痛仇快。我的快乐、财富、眼界和理解力从未因此而减少分毫。我过去的每一分努力，此间的每一个善言善举，如今都伴随着我，帮我掌握为人处世的艺术真谛。"

最优秀之品格须经千锤百炼方能造就，这需要不断地自我审视，自我约束，和自我控制。在此期间，可能会动摇不定，遭遇荆棘丛生，甚至短暂失败；也会有各种各样的困难和诱惑要抵制和克服；但是如果意志坚强，心灵正直，那么就不必灰心丧气，胜利永远会在终点等待。

我们必须努力，将自己的品格提升到更为高尚的境界。这种努力令人振奋，鼓舞人心。即便无法达成所愿，我们在前进道路上的每一次努力也会得到回报，使我们的品格有所提升。

品格素质，具体表现为信念的执着、对生命的敬畏、人际关系的加强、服务社会、关注生态平衡、认识自我责任或节制等，类似这些因素，慢慢被培养起来。

第二节　品格塑造的动力

一个国家的前途，不取决于国库之殷实、城堡之坚固、公共设施之华丽，而在于它的公民的文明素养，即人们所受的教育、人们的远见卓识和品格的高低。品格是世界上最强大的动力之一。天才人物凭借自己的智力赢得社会地位，而具有高尚品格的人靠自己的良知获得声誉。

如果才能同最卑鄙的品行结合在一起，就会出现对地位高者趋炎附势、卑躬屈膝，对地位低者傲慢无礼、横行霸道。而那些贫穷的男男女女，在面对困难和不幸时，所表现出来的坚韧不拔的精神和英雄气概，更加令人敬佩。

为什么要塑造良好的品格，主要来自以下几个方面的动力。

（1）好品格能获得良好声誉

在日常生活中，我们判断一个人是否优秀，更多的是根据他的品格，而不是他的知识，更多的是根据他的心地而不是根据他的智力，更多的是根据他的自制力、耐心和纪律性而不是根据他的才能。

真正优秀的人，勤奋，诚实，有原则，认真负责，不论地位高低总会受到他人的尊敬。这样的人自然会得到信任，并成为别人效仿的对象。世界上一切美好品质都在他们身上得以体现，缺少了他们世界就失去了存在的意义。

一个人天资聪颖固然会得到赞赏，品格高尚的人却能够博得尊重。前者是智慧的产物，后者是心灵的修为。而从长远看，心灵才是生活的主导。天赋聪颖的人依靠智慧在社会安身，而品格高尚的人则凭借道德在社会立足；前者受到赞赏，后者则被追捧。

知识的多寡同品格的优劣并没有必然的联系。乔治赫伯特说，"光彩的生活，抵得过学富五车。"这并非轻视学识，学识同美德同样重要。一个人的造诣既可以体现在艺术、文学和科学上，也可以体现在正直无邪、抱诚守真和负重致远的品德上。具备这样的美德，即便是生活贫困、目不识丁的农民也可与造诣高深者比肩并立，并且能够在社会中享有高超的声誉。

（2）品格即财富

品格是世上最珍贵的财产，是人类普遍持有的善意和尊重的产物。那些投资于品格修为的人，尽管不能由此变得更加富有，却会赢得他人的尊敬及良好的社会声誉。生活中，拥有好的品德（勤奋、美德和善良）的人将脱颖而出，真正优秀的人会独占鳌头。

无论是生活还是事业，人的品格、心灵、自制力、耐心和自律更能决定他们的成败，因为这些因素人可以调控，而非人的知识、大脑和天赋。因此，不论是个人生活还是公共生活，都需要秉持一种言信行直的明智态度。良好的判断力由丰富的经验塑造，为正直的品格所激发，由此又衍生了诸多实用智慧。

（3）品格在某种程度上意味着智慧

诚然，德行在某种程度上意味着智慧。那是一种超凡的智慧，是世俗与精神的结合点。亨利泰勒说，"智慧与德行，他们之间有着多重对应关系；智慧成就仁人君子，德行造就八斗之才。故此可以断言，智慧与德行两者相辅相成。"

（4）塑造品格，赢得未来

要想真正改变一个人，就要培养一个人良好的习惯，塑造良好的品质和品格。人成年之后再培养品质远没有在小的时候容易，而且年龄越大改变越困难，所以中国人说"江山易改，本性难移"。孩子仍处在价值观塑造期，我们需要把好的、对他有益的品质、品格推荐给他，他一旦认可这些好的品质，形成好的习惯就容易了。

人和人的差别是因为他们具备了不一样的品质，所以他们思考问题的方式不一样，行为也不一样。思想产生行为，行为久而久之产生习惯，然后才会作用于学习动力、学习环境、学习能力这几个方面。

第三节　品格塑造的原则

（1）面对真我

每个人都有一个主观认知的自我，是现实与理想妥协后比较接近完美的自我。这面由主观认知所构成的"西洋镜"，投身出自己想要的自己，其实并不是真正的自己。

这面"西洋镜"通常不会被揭穿，没有人会愿意冒犯你，告诉你不愿面对、不想知道的真相。

知道自己心中有一个被自己美化的形象，有一个自我感觉良好的自我，知道那个自我认知"西洋镜"中的自我不是真我，这是一个人改过迁善的起点，否则一个人不是永远自我麻醉，就是不愿面对真相，甚至把所有真心爱护你的老师、朋友都认定为与你为敌的阴谋家。

（2）量力而行

古人云："天行健，君子以自强不息。"追求卓越，精益求精，这种精神固然不错。但在现实生活中，过分的追求，往往差强人意，使人头破血流。在人生的大海上迷失了方向，可谓成也"追求"，败也"追求"。是故，事无巨细，量力而行才不失为一种明智。

　　曾经，有一位登山者攀登珠穆朗玛峰，到了8000米的地方，止步了。后来人们问他，还差那么一点了，为什么要放弃呢？

　　这位登山者却一脸自豪地说，"我已经尽了我最大努力，不是我不想再攀登，而是我知道，我的极限就是这8000米。"

多么朴实而又有哲理的话，攀登珠峰，本来就不是一件容易的事，何况攀登到这8000米的高度！问心无愧，就没有什么好遗憾的。

　　但是，仍有相当一部分人为他惋惜道："你看，已经那么高了，应该一往无前，直上顶峰的。"但他们并没有意识到，一个人如果超过了极限，等待他的并不是成功，反而是没有穷尽的暴风雨。

　　登山是在征服高度，攀登珠峰是一件伟大的事，这不可否认，但有那么多的生命永远地留在了那里。这不能不让人心痛，即便他们都是英雄，都是永不停息的前行者，但付出的却是生命的代价。

　　一个人，在自己的人生路上，都应当对自己有一个准确恰当的把握，不保守，也不冒进，否则前途一片漆黑，绝望深不见底。量力而行就是这样的一把前行的利剑，将万千困难斩于马下；量力而行就是这样一簇阳光，将万千阴霾驱散殆尽。

（3）充满信心

　　树立自信心，是孩子奋发图强的关键，每一个孩子都需要自信，就像树木需要阳光、雨露一样。这个世界固然色彩缤纷，但也是艰难曲折的。

试想，当一个人来到这个世界，吃饭穿衣，学习事业，哪里都需要不断地学习。对一个人来说，在一切美好事物的背后都会存在危机。孩子就是在这种什么都要学习的情况下，向着成人世界开始了自己的漫长人生路。

下面我们来看一个有趣的实验：

1968 年，哈佛大学著名心理学教授罗森塔尔和助手在一所小学进行了一个心理学实验，并要求校方配合。

他们从一至六年级各选了 18 个班做实验。他们对班里的学生进行了"未来发展趋势测验"。然后，罗森塔尔将一份占总人数 20% 的"最有发展前途者"的名单交给了校长和教师，并嘱咐他们要保密，否则会影响实验的准确性。

八个月后，他们来到这所小学，对 18 个班的学生进行了复试，结果奇迹出现了：凡是当初上了名单的学生，他们的成绩个个都有了很大的进步，而且变得活泼开朗，自信心强，求知欲旺盛，乐于和别人打交道。

其实，当初"最有发展前途者"的名单只是罗森塔尔教授随机抽取得来的，不过这个谎言对老师产生了心理暗示。在这八个月里，老师对名单上的学生青睐有加，然后又将这一心理活动通过情感、语言和行为传染给了学生，使学生强烈地感受到老师的信任和期望，自信心大增，从而在各方面都取得了突出的进步。

这就是著名的"罗森塔尔效应",也叫做"期待效应"。这个实验证明,家长或老师的期待对孩子的成长有很大的促进作用,可以让孩子树立自信,更好地学习。

(4) 保持激情

什么是激情?激情是一种强烈的情感表现形式。人在激情的支配下,常能调动身心的巨大潜力。如果一个孩子没有了做事的激情,说明孩子对生活和学习等各个方面失去了兴趣,至少孩子不能将自己的潜能发挥出来。这时,想让孩子进步只能成为空谈了。

做事要有激情,才不会疲倦。一般人可能认为,成功只需要一个聪明的脑袋,但事实上,对于大多数成功者来讲,聪明并不是全部,更重要的是激情。

激情对于成功者来说是相当重要的,威尔斯对于"费马大定理"就有着异乎寻常的激情。那种感觉就是非常喜欢,非常激动,因为有了这个东西,才足以让他坚持这么多年而不放弃。

美国成功学大师拿破仑·希尔也有这种感觉,他认为激情是一种意识状态,能够鼓舞和激励一个人对手中的工作采取行动。他的写作大都在晚上进行。有一天晚上,他工作了一整夜,因为太专注,使得一夜仿佛只是1个小时,一眨眼就过去了。他又继续工作了一天一夜,除了其间停下来吃点清淡食物外,未曾停下来休息。如果不是对工作充满激情,他不可能连续工作一天两夜而丝毫不觉得疲倦。因此,激情并不是一个空洞的名词，它是一种重要的力量。

可见，要想让孩子发挥出自己的潜能，家长就不应扼杀孩子做事的激情，而要尽可能地去触发孩子的激情。因此，教育孩子应该从小事入手，只知道给孩子讲大道理是教育不好孩子的。只有让孩子充满激情地面对学习，面对生活，面对困难，努力寻找方法解决，孩子才能不断地成熟。

第二章　品格塑造的需要

新生命从诞生那刻开始，就有一系列全新的问题等待父母去解决。不同的个体，有着独特的形体与相貌，具有独特的智力与道德的能力，以致没有完全相同的两个孩子，就像哲学家所说的，没有完全相同的树叶一样。因此，作为父母，在教育孩子的过程中，不仅需要对孩子充满善意与爱心，还要多向有经验的人学习、事先做好充分的准备。

然而，许多父母却在毫无准备的情况下，就开始了对新生命的引导和培育的工作。他们这样不了解，却还不打算学习，而这生命具有灵、智、体三重的构造。

当然，在孩子身体需要方面，多数父母不会忽略。孩子吃得好，穿得好，也有足够的睡眠，还经常被带到户外呼吸新鲜的空气，而且在知识高度发达的今天，父母也会很合理地照顾孩子的这些外在的需要。

然而，除了外在需求，孩子还有内在需要，父母却似乎并不那么了解。有人敏锐地指出："孩子的心灵与智力就像一部复杂的机器。

父母在其中盲目地摸索着，用粗心、无知的手这里碰一下，那里摸一下。当他们发现自己已经在操纵被造之物中最强大的力量——人类的意志力，感情和天性，却还不知道如何操纵它们时，已为时太晚了。他们有爱心，然而没有知识的爱是一种强大而盲目的力量，它在可以建造的地方实行了拆毁，在可以拯救的地方进行毁灭。"

当下，孩子的教育工作已引起了人们越来越多的思考。然而糊涂的父母认为，教育子女不过就是提供一个避风躲雨的住所，适量的食物，随心所欲的管教，而这种管教是由父母神经的敏感度而定的，并非由孩子是否该受而定。

其实，父母的职责远非仅仅照顾好孩子的身体。他的整个人生都托付给父母，父母该从孩子身上发掘出所有隐藏的美与潜力，并给予培植，让孩子茁壮成长。

在塑造孩子品格上，父母必须时刻自律，必须学习做好榜样，因为身教远胜于言教。他们要求孩子拥有的品格，他们自己首先得拥有。

孩子品格教育的缺失和需要，来自四个方面：自我、家庭、学校和信仰。

第一节　自我

1. 本我与自我

"本我"与"自我"是著名心理学家弗洛伊德提出的概念。"本我"是为了满足眼前一切愿望的驱动力，"就像一口沸腾着本能和欲望的大锅"，一味追求满足，是一种无意识；"自我"代表理性和机智，它按照现实原则行事，监督"本我"的动静，给予"本我"适应的满足。对于"本我"和"自我"的关系，弗洛伊德有这样的一个比喻：本我是马，自我是马车夫，马是驱动力，马车夫给马指方向。

人的"本我"在孩童时期表现得最为明显。不管长辈如何教育孩子要大方、谦让，孩子们自然而然地总是再现出以自己为中心。别的孩子有了好玩具，他总是哭闹着非要从对方手里要过来自己玩，这就是"事我"的表现。

2. 对自己认识不足

我们相处最多的人其实是自己，可只有很少一部分人能够正确认识自己。只有知道自身的优势与不足，才能不断地修正自己。

常以诚恳、虚心的态度听听身边朋友对自己的看法，如果我们能做到坦然面对自身的问题并积极去改进，人生一定会简单，灿烂。

每个孩子都有自己的优点和缺点，但是很多孩子在认识自己时，容易分成两个极端：要么觉得自己缺点太多，一无是处；要么就是觉得自己完美，毫无缺点。对于这个问题，正确的做法是肯定自己的优点，检讨自己的不足，鼓励自己改进。

例如，当我们不小心摔倒后，一定要告诉自己，"你是坚强的"，从哪儿摔倒就从哪儿爬起来。

金无足赤，人无完人，同样还处于学习和成长中的孩子都有这样或那样的缺点，关键是孩子在成长的过程中，学会如何改进自己。

遗憾的是，有些孩子的缺点没有改进，原有的优点消失，从而形成一种思维定式：例如我就是笨，我数学就是不行，我注意力就是差……长此以往，孩子那些本来微不足道的缺点逐渐变大。

天下没有无缺点的孩子，所以，不要满脑子都是自己的缺点。

3. 人的忽视

什么是问题孩子呢？顾名思义就是指在老师和家长眼里有着各种不良行为且屡教不改的孩子。近年来，由于心理健康教育的盲区，"问题孩子"越来越多。

比如行为叛逆、上网成瘾、厌学逃学、早恋、自闭、对亲情冷漠、经常性打架、迷恋网吧等，这些都属于孩子心理不健康的外在表现。对于问题特别严重的孩子，如果不对其进行及时有效地教育，那么问题孩子很有可能由此走上刑事犯罪的不归之路。

孩子的心理健康往往是很多家长忽略的方面。家长们最关心的往往是孩子行为的对错，或者是孩子的学习，只要孩子学习成绩不出现大的波动，一般情况下家长很少关心孩子的心理。其实，这也是可以理解的，孩子的内心世界我们也看不到，大多数孩子都不会将自己的内心世界展示给别人，甚至隐藏得很深，很多孩子出现了严重的心理问题之后，家长才有所发现。这也不能全怪家长，毕竟我们不是搞心理学的专家。

但是，家长也有一定的责任，就是对孩子的关心不够全面，或者说家长对孩子的关心不够细致，没有发现孩子细微的变化，往往孩子身上一些细微的变化就是孩子心理变化的表现。这可能是家长们留心不到的。

由于对孩子道德教育的忽视，导致的一些悲剧令人发指。

2011年2月23日下午1点10分，在北京动物园的熊山，两只黑熊突然口吐白沫，倒在地上，来回翻滚，口中发出"嗷嗷"的惨叫。同时，水泥地上冒起一股股白烟。围观的人群一阵骚动，一名手拎食品袋、戴着眼镜的男青年急匆匆地挤出人群向熊山外溜去。在附近巡逻的动物园派出所民警、工作人员和在场群众的围追堵截下，这名男青年被抓住，带回了派出所。

肇事者的身份很快就被弄清，他就是清华大学电机系大四学生刘海洋。据交代，为了证实"熊的嗅觉敏感，分辨东西能力强"这句话是否正确，他先后两次把掺有火碱、硫酸的饮料，倒在5只北京动物园饲养的狗熊的身上或嘴里。

这就是震惊世人的清华"硫酸哥"刘海洋的恶作剧。据说，他只是为了"好玩"竟然跑到北京动物园，向狗熊的脸上泼火碱和硫酸，结果他因为虐待动物而被判刑。

"硫酸哥"能考入中国一流的学府清华大学，"智商"也算佼佼者，但他的"德商"却是零分。他犯这种小儿科的错误，首要原因在于他的第一任教师：父亲和母亲，必须承担家庭教育失败的责任，其次是他的母校必须承担连带责任：忽视德育，片面地强调智育。这正如某些家长的口头禅一样：只要学习好就行了，别的你什么都不用管！

4. 毅力不坚

影响一个人成功的关键因素不仅仅在智力，更重要的取决于是否具有坚强的意志，能够克服困难，克服挫折，克服磨难。泥泞的路才能留下脚印。事业和人生的道路上不可能一帆风顺，只有那些能够顽强战胜困难的人才能够成功。

坚强就是要理直气壮地维护自己的权利，树立自己不受欺侮的形象，在自己的权益受到侵害时，该出手时就出手（具有维权的勇气）。懦弱就是自己害怕自己，自己否定自己，遇事没有自信心，首先想到别人、追随别人、求助别人、不敢相信自己，不敢自己决断，不敢表现自己，不敢超越自己。

英国著名心理学家威廉克姆博士说，人类最大的病态心理、影响个体生命最凶恶者，是懦弱的情态。懦弱是成功的头号敌人和超级对手。懦弱阻止人们利用机会，是一种非常顽固的消极心理。当这种人的自身权利受到侵犯时，他们为减少一些麻烦选择过度的谅解，无原则的退让，一味顺从他人，做一个"好好先生"，但对方往往会利用他们的这种性格得寸进尺。因此，这种人办事往往四处碰壁，不被信任，不受欢迎，受人欺负，是种可怕的"应声虫"，更是人见人捏的软柿子。

每个人都希望有一天能飞黄腾达，登上人生之巅，享受随之而来的丰硕果实。但遗憾的是，人们往往坚守不住自己的信念，总觉得顶峰是那样高不可攀，想象一下就已经足够了。

穆泰奈比说："人们的毅力是衡量决心的尺度。"一件事开始容易，但坚持做到最后却很难。凡是成就事业的，不一定有一个最好的开始，但贵在坚持，贵在恒心，用自己的专注和认真，最终才能走向成功这一点往往就是伟人与凡人之间的区别。

5. 心态消极

心态积极者在每次危难中都看到了机会，而心态消极者在每个机会中都看到了危难。

父亲欲对一对孪生兄弟做"性格改造"，因为其中一个过分乐观，而另一个则过分悲观。一天，他买了许多色泽鲜艳的新玩具给悲观孩子，又把乐观孩子送进了一间堆满马粪的车房里。

第二天清晨，父亲看到悲观孩子正泣不成声，便问："为什么不玩那些玩具呢？"

"玩了就会坏的。"孩子仍在哭泣。

父亲叹了口气，走进车房，却发现那乐观孩子正兴高采烈地在马粪里掏着什么。

"告诉你，爸爸。"那孩子得意扬扬地向父亲宣称，"我想马粪堆里一定还藏着一匹小马呢！"

心态积极者与心态消极者之间的差别是很有趣的：心态积极者看到的是油炸圈饼，心态消极者看到的是一个窟窿。

乐观与悲观有着两种截然相反的结果，在饥饿时，同样是桌子上放的半片面包，心态积极者说出的话是："太好了，桌子上有面包。"吃着面包，眼是亮的，心是暖的。

心态消极者说的话是："真讨厌，只有这一点面包，就不能多一些。"吃着面包，嘴是苦的，胃是饿的，脸是阴的，心是烦的。一个瓶子中装了半瓶水，乐观的人会说，太好了，瓶子里还有一半的水；而悲观的人则说，太糟糕了，只有半瓶水。

综上，由于自我的五大原因，所以青少年需要品格塑造。

第二节　家庭

1. 父母不重视

生活中，很多父母觉得孩子年纪还小，不会认真对待孩子，比如，孩子的提问，父母不会认真回答；孩子的要求，父母不会认真满足；孩子的缺点，父母不会认真去纠正；孩子的逆反心理，父母不会认真地重视起来……

孩子在一天天长大，思想也在一天天成熟，孩子需要父母的认真对待，不要经常敷衍或搪塞你的孩子。你应该清楚，孩子也有自己的思想，有基本的判断是非的能力。

他已经能知道你是在糊弄他，还是在认真对待他，如果孩子只是在胡闹，那你应该先从自己身上找原因，弄清事实真相后再下结论，也许孩子就平静多了。

孩子对世界的好奇是孩子进步的动力，家长首先就应该正确地对待孩子的提问。因为，孩子的探索精神从两三岁时就已经萌发了。具体的表现就是孩子开始向大人提出问题，提出的问题也越来越多，而且千奇百怪。这是值得家长高兴的事情，说明孩子已经开始认识并积极探索这个世界了。

然而，很可惜的是大多数父母不仅不会为孩子的提问感到高兴，反而特别讨厌孩子的提问。他们往往对孩子所提出的问题随随便便敷衍了事，很少给予孩子耐心的说明和讲解。

从父母对孩子好奇心的态度，我们就可以看出，父母对孩子道德方面的教育力度远远不够。

下面我们看看梁女士是如何对待孩子的问题的：

> 梁女士因丈夫婚外恋，离婚快九年了。这九年里，梁女士一直带着女儿奕奕过日子。梁女士离婚时，奕奕才一岁多，是个什么都不懂的小孩子。
>
> 随着奕奕慢慢长大，她渐渐发现，每个孩子都有爸爸，唯有她从来没有见过爸爸，不知道爸爸在哪里，也不知道爸爸长得什么样子。于是，她就问妈妈。她第一次得到的回答是："被车撞飞了。"第二次得到的回答是："跳海被鲸鱼吃了。"第三次得到的回答是："跟别的女人跑了。"……最后得到的回答是：

"以后别问了，你爸爸死了！"每次看到妈妈愤怒的神情，奕奕也不敢再问下去了。

妈妈最终没有告诉她真实的答案，奕奕还是不知道爸爸在哪里、长的什么样子。她只是在心里猜想，爸爸是被车撞飞了，还是被鲸鱼吃了？是跟别的女人跑了，还是死了？她反反复复想这些问题，始终不能确定答案。

每当看到别的孩子幸福地被爸爸抱在怀里时，奕奕都羡慕万分。但想想自己的爸爸，她又痛苦得直落泪。奕奕既恨妈妈，又恨爸爸，她恨妈妈不告诉她真实的答案，她恨爸爸从来不出现，不关心她。在奕奕心里，爸爸永远是个谜，爸爸是不幸的。这样的想法伴随她走过了整个童年，她好像从来都没有真正地快乐过。

以上事例中，梁女士的行为态度是非常错误的。我们能理解她的不幸，但她这样教育孩子实在太不应该了。她应该认真对待孩子的问题，告诉女儿实情，并让她明白：虽然爸爸妈妈已不在一起了，但爸爸对她的爱永远都不会改变。

如果家长对孩子负责，就应该做到：不管有多忙多烦，孩子问什么，就应该认真地回答什么。在给孩子讲解问题时，父母一定不能嫌麻烦，一定不能敷衍或搪塞孩子，孩子需要真实、合理的答案。父母只有这样教育孩子，才能使孩子健康成长。

如果家长敷衍孩子，胡乱回答孩子，不但容易造成孩子错误的思想和观念，而且不利于对孩子求知欲的保护与培养。如果家长表

23

现得讨厌孩子的提问，则会挫伤孩子发问的积极性，压制孩子的求知欲望。

有时，孩子也许会无理要求买一些根本不需要的东西，这时父母应该很明确地拒绝孩子的要求，"我们没有那么多钱买那个东西"或者说"那个东西我们并不需要"。

有时候孩子还会找理由说"其他小朋友们都有"或者"邻居家就买了一个"，面对孩子的这些理由，父母应该坚持自己的态度，给孩子讲明白"别人家是别人家，我们要考虑我们家的情况"或者"你如果真的喜欢就努力学习，等将来自己挣到钱再买，但是爸爸觉得不需要是不会买的"。

有时，孩子会要求家长一起出去玩，或者要求家长和他一块做一些娱乐活动。如果家长很忙没有时间，就应该直接告诉孩子"爸爸现在很忙，没有时间陪你，爸爸的工作很重要的，自己玩吧"，而不应该给孩子说"等一会儿再陪你"或者是"好宝贝，爸爸陪你玩"。后者只会让孩子等待半天后你不能实现自己说的话而不信任你，或者是让孩子觉得他就是中心，不知道什么事情是重要的，让孩子将来没有责任感。因此，无论发生任何事情，家长都要重视孩子的品格教育，只有这样，孩子才能健康快乐地成长。

2. 父母要成为孩子的榜样

现在好多父母对自己没什么要求，他们把对人生的期望全压到了孩子身上。他们常说的一句话就是：孩子啊！你可千万要好好努力啊！爸妈这一辈子算是完了。咱们家以后可就靠你光宗耀祖了，你可千万要给爸妈争气啊！

孩子看着爸妈整天唉声叹气、不思进取、没精打采地混日子，心想你都这样了，还要求我能怎么样呢？孩子往往也是给搞得一点劲儿也没有了。

我当然不是鼓励天下的父母只重视事业，不管家，不顾孩子。我要说的是，作为父母，要有自己的一片天，要给你的孩子做好榜样！你会发现：经过努力，最后达到的是你和孩子的双赢。父母在品格方面不能成为孩子的榜样，怎样教育出好品格的孩子呢？

在家庭的日常生活中，孩子和父母朝夕相处，日夜为伴，尤其未成年的孩子对父母的依赖性、模仿性最强，而这时父母在孩子的心目中威信最高。

孩子认为父母的一切访谈举止都是最标准、最美好的，对父母的一切言行强烈的模仿欲望：父母的走路说话、待人接物、欢乐与痛苦等，孩子都看在眼里，记在心上，努力去模仿，无论好坏都照单全收。这种影响是在无意识中产生的，其作用也最直接、最深刻、最持久。

为人父母要重新评价一下自己的行为，就像女性吸烟者在怀孕前准备戒烟一样，父母们为了给孩子树立一个良好的典范，可能会在很多方面改变自己的行为举止。

在好多时候，为孩子树立良好榜样的同时，也需要对你的行为做出一说明。"我今天给奶奶打电话，是想看看她感觉怎么样。"或者"很抱歉我没有很专心地听，因为今天工作上不是很顺心。"

为孩子们树立一个最好的榜样是培养孩子为所犯的错误进行道歉。如果因为工作上的不顺利或者心情不好，你就带着些挑衅性的口气对着孩子咆哮，在厂房里摔锅砸碗儿，那么道歉可以弥补绝大部分错误的举动。"对不起，我不该朝你发火。"或者"对不起，我今天很不开心。"这样可以从一个高层次来教育孩子：每个人都会犯错误，但可以以诚挚的道歉来弥补错误。

为了事业而忽略孩子的教育不可取，因为孩子是我们一生中最激动人心的原创作品；但为了孩子而牺牲自己的一切也是不可取的！父母只有不断提高自己的综合素质，才会给孩子良好的熏陶。

因为父母才是孩子一辈子永不退休的班主任，是儿女一辈子的心理导师！你们的言传身教会影响孩子的一生。

3. 亲子关系

父母与孩子不合理的亲子关系主要有以下四种。

（1）奴才与皇帝的关系

在这种家庭结构中，父母一切为了孩子，对孩子有求必应，无原则地满足。孩子要什么就给什么，甚至不顾给自己造成沉重的负担，满足孩子过分的需求。

在这种情况下，因为孩子的欲望总会被父母无条件地满足，所以他们的欲望就会无止境地增加。长此以往，父母如果有一次不能让孩子满足，他们就会大发脾气。

这种孩子必然养成不珍惜物品、讲究物质享受、浪费金钱、不体贴他人、毫无忍耐和吃苦精神的不良个性。

（2）奴隶主与奴隶的关系

有些父母恰好相反，对孩子强迫服从，什么事都要按照自己的意见办，孩子一切都要听自己的，略有不从，就会大发雷霆，轻则骂个狗血喷头，重则大打出手。

心理学家告诉我们，父母对孩子的态度并非越严越好，而是越民主越好。假如父母的态度是民主的，孩子就会养成独立、机灵、大胆、刚毅的个性；相反，父母态度过于严厉，孩子就会养成冷酷、怯懦、盲从、自卑的个性。

（3）警察与小偷的关系

在这种家庭结构中，父母既像警察，又像直升机，盘旋在孩子的上空，每时每刻都在监视孩子的行动，孩子一离开自己的视线，就会挂电话询问；有的父母天天在各个网吧寻找孩子，监视孩子的一言一行。孩子没有自由，没有隐私，没有活动空间，在家里就像小偷一样，怕父母不高兴，做事鬼鬼祟祟。

对孩子的过度干预，一方面是出于父母对孩子的爱和责任心，另一方面是因为父母的自以为是，父母总希望将孩子塑造成自己认为应该成为的那种人，而孩子却希望成为自己愿意成为的人，矛盾因此产生。

解决这种亲子关系，关键就是要从孩子的角度出发，多为孩子想想，父母双方要进一步加强沟通，意见不一致时双方都要有所让步，只有目标一致才会双赢。如果双方相互对抗，结果就是两败俱伤，而干预越多失败越多。

(4) 牧羊人与小绵羊的关系

父母对孩子十分宠爱，时刻不离开孩子一步，含在嘴里怕融化，吐出来怕飞走。本来"初生牛犊不怕虎"，不怕水，不怕黑，不怕摔跤，不怕疼痛。可是，有的父母却忽略了这些，只要孩子稍微有点闪失，就惊慌失措，大呼小叫。

这样的孩子会变得胆小无能，丧失自信，在家横行霸道，在外胆小如鼠，成了缺乏活力、难以承受挫折的"小绵羊"。对孩子的过度保护，等于废了孩子的功夫，给孩子打下了懦弱的烙印。

以上几种亲子关系，导致孩子需要良好的品格教育。

第三节　学校

1. 同侪的压力

当你日渐长大，就会发现自己有时候会面临艰难抉择。独立作出判断已非常困难，若有旁人干扰你，给你施加种种压力，就更加难了。当你身边的同龄人试图影响你的决定时，你就受到了"同侪压力"。

要完全摆脱这种"同侪压力"相当困难，但并不是无计可施。只要坚持自己的是非对错标准，相信自己的感觉和信念，就是一个不错的摆脱方法。来自心底的力量和自信会让你坚定立场，不随波逐流。

当你不想做某件事的时候，若能有情投意合的朋友坚定地支持你，实在是件美妙的事情。拥有至少一个志趣相投的朋友能大大降低"同侪压力"对你的影响，也能让你更理直气壮地说"不"。

记住，当朋友受到"同侪压力"时，坚定地站在他的身旁，此时此刻，哪怕是简单的一句"我支持你，走吧！"也有意想不到的力量。

2. 学业的压力

学业压力是心理压力的一种，源自社会、家庭、外界和自我对学术成绩的追求。当现实成绩与期望目标差距增大时，学业压力也会变大。

面对学业压力，学生有不同的生理及心理反应，由行为中表达，例如逃学、真假生病、流汗、耳鸣、有幻觉、失忆、失眠、胡思乱想、精神病发。

3. 学校的忽视

从小到大老师教育我们的都是好好学习，将来可以找到一份好工作，在农村的向往城市，在城市的向往更大的城市。老师不停地对学生这样灌输，眼睛里满是教育带来的实惠。

老师天天喊着教书育人，却忽视了教育对人在成长过程中的育人功能。因此，就有了博士生、高材生因心理脆弱，自我价值得不到体现而自杀的现象，出现了因对社会不满的暴力事件。

4. 校园的秩序

维护校园秩序，有利于优化育人环境。要维护校园正常秩序，必须加强校园管理，采取措施，及时有效地预防和制止校园内违反法律、法规、校纪、校规的活动；加强门卫制度，进入学校的人员必须持有效证件；加强宿舍管理，学生不得在宿舍留宿室外人员，更不得留宿异性；不得损坏学校财产；加强教学、科研和生活秩序管理，禁止赌博、酗酒、打架斗殴等违法违纪行为；校内任何学生组织的建立必须报请批准，并接受学校的管理；禁止无照人员在校园内经商。

5. 教师的偏见

教师的角色具有复杂性，使得教师在教学的过程中，由于对学生认知信息的不充分，从而导致对学生的认知完全凭主观经验或主观状态为判断依据，教师以负向情感作出判断以及判断的倾向性。

它作为一种心理现象，在潜意识中起着作用，从而影响教师对学生有一个正确、全面、完整的认识。要想将认知偏见完全消除是很难做到的，唯一行之有效的办法就是让教师在理论上对认知偏见的表现形式有一个完整的认识，从而在教学实践过程中不断地修正认知偏见，最终克服认知偏见。

第四节　真理

分清真理与谬误

真理是人对于客观事物及其规律的正确反映。马克思认为，实践是检验真理的唯一标准，实践的过程是把主观世界与某一时空的客观世界接轨的过程。真理在形式上是主观的，因为真理属于认识范畴。不能把真理等同于客观实在。真理在内容上是客观的，客观性乃是真理的根本属性。

由于真理是客观的，有其不依赖于人的意识的客观内容，所以真理必然是一元的。也就是说，不论人们在认识事物的时候可能得出多少种结论，但只有符合客观实际的认识才是真理。真理是一元的，因此，真理面前人人平等。真理不以人的主观意志、不以阶级的主观愿望为转移，从这个意义上说，真理没有阶级性。

真理多元论主张：不同的人、不同的阶级可以有不同的真理，真理因人而异。真理多元论否认了真理的客观性，是一种主观唯心主义的真理观。

真理和谬误是对立的：真理是人们对于客观事物及其规律的正

确反映。谬误是人们对于客观事物及其规律的歪曲反映。真理和谬误又是统一的：真理和谬误相互依存。真理和谬误总是相比较而存在，相斗争而发展的。没有真理，无所谓谬误；没有谬误，也无以见证真理。真理战胜谬误的过程也就是发展自己的过程。

在一定条件下真理向谬误的转化主要有以下三种情形：

（1）真理是具体的

真理是具体的，总是适用于一定的条件和一定的范围。如果条件发生了变化或者超出了特定的范围，真理就会变成谬误。

（2）真理是一个过程

真理必然要随着客观事物和社会实践的变化发展而变化发展。如果人们的认识不能及时地反映事物在发展变化过程中所出现的新问题、新情况或者超越历史发展，就会造成主观和客观由相符变成不相符，从而使真理转化成谬误。

（3）真理是全面的

真理是全面的，是一个完整的体系。如果把其中的某一原理孤立起来，把它加以绝对地夸大，真理也会变成谬误。

分清真理与谬误，属于品格方面的教育，需要从小对孩子进行品格方面的培养。

第五节　朋友

1. 冷漠感的增多

当今社会，独生子女越来越多，他们从小就被父母娇生惯养，很多事情不用自己操心，父母都会替他们安排好一切，这样就造成很多孩子失去与人交往的机会，增加孩子之间的冷漠感。等孩子到了一定的年龄，需要接触到更多的人的时候，就会在社交方面出现问题了。

社交能力是每个人一生当中需要具备的重要能力之一。据心理学家多年的研究，许多成年人的不善交往、拘谨可以追溯到他的幼儿时期。如果孩子不善于交际的问题在儿时得不到很好的解决，那么他日后的性格也很可能比较冷漠，不爱和他人交往，而这将妨碍他日后的事业。所以，幼儿时期培养孩子的社交能力极其重要。

哈佛女孩刘亦婷的母亲刘卫华认为，友爱、协作、守纪、礼貌、集体观念、组织能力等都是高素质人才必备的品质。如果没有这些品格的培养，一个孩子再聪明，也只可能被培养成"孤家寡人"式的"神童"。

如果父母不懂得为孩子创造更多的社交机会，孩子们很难具备这些良好的社交能力。看看下面这个事例吧，相信你会有所启发。

4 岁的明明在家是个很活泼的男孩子，然而他的妈妈却说："他在家那么厉害，到外面怎么就蔫了。"

明明的妈妈反映，明明在家是个特别"淘"的孩子，家里经常被他翻得一团糟，家人批评他，他比大人的嗓门都大，爷爷奶奶是惹不起他的。而这样霸道的孩子到了外面却像换了个人一样。就像前几天妈妈带明明到广场上玩，那里有好多小孩子，他被一个孩子推了一下，妈妈当时还怕他们打起来不好收拾，没想到，明明却怯生生地看了看那个孩子，立刻跑向了妈妈，还流着泪要回家。以后再说去广场上玩，他都不愿意去了，说不喜欢那里，再也不想看到那里的小朋友了。

明明的妈妈得知他在社交方面有问题后，就在明明可以进幼儿园的时候，把他"赶"进了幼儿园。其实明明妈妈也有些舍不得，可是想到明明需要同伴，需要学习如何与他人相处，最后还是狠下心来。过了一段日子，本来在生人面前表现非常羞涩的明明显得就不那么怕见生人了，有时还会在妈妈的朋友面前表演一些小节目。

以上事例中，明明为什么在家那么顽皮，而到了外边就那么懦弱了呢？这是因为他没有很好的社交能力，根本原因就是他的父母平时不注意创造机会培养他的社交能力。好在他的妈妈得知他社交能力有问题后把他"赶"进了幼儿园，他的社交能力才有所提高。

其实，孩子都很喜欢和小伙伴交往，在他们还不到一岁的时候，父母带孩子们在一起玩，他们相互摸抓以表示亲热，等他们稍微大点的时候就会不断地要求父母带他们去找小朋友玩，当父母满足他们的这些愿望时，他们就会特别开心。

因此，家长应正确认识幼儿与人交往的需要，有意识地创造交往的条件，满足孩子情感上的需要，给孩子创造更多的社交机会。

2. 信任感的缺乏

在各种社会关系中，信任是人与人之间的一种道德关系。朋友之间、同事之间贵在信任。在家庭里，父母与子女之间也同样需要信任。

心理学家认为，追求信任是一种积极的心态，是每个人的普遍心理，也是一个人奋发进取、积极向上、实现自我价值的内驱力。信任的心理机制对孩子良好心理品质的形成具有积极的鼓励作用。

家庭教育是在父母和子女的共同生活中，通过双方的语言交流和情感交流来进行的。父母与子女的相互信任是成功家教的重要因素。

一些教育专家在家庭调查中发现，子女对父母有特殊的信赖，他们往往把父母看成是自己学习上的蒙师、德行上的榜样、生活上的参谋、感情上的挚友。他们也特别希望能得到父母的信任。他们认为，只有父母的信任，才是真实、可靠的。父母的信任意味着理解、重视和鼓励，这是真正触动他们心灵的动力。

信任是一种富有鼓舞作用的教育方式。在家庭教育中，父母的信任可使子女感到他们与父母处于平等的地位，从而对父母更加尊重、敬爱，更加亲近、服从，乐于向父母倾吐心里话。

这既增进了父母对子女内心世界的了解，又使父母教育子女更能有的放矢，获得更好的效果。反之，若父母对孩子持不信任的态度，就无法了解孩子的愿望和要求，孩子的自尊心和自信心必然会因此而受到伤害，他们对父母的信赖也势必减弱。这样，家庭教育的效果也会相应减弱。所以，家长在教育孩子的过程中应该信任孩子。然而，不少家长常常不信任自己的孩子。下面这个就是最好的例子：

一位中学生这样述说自己的妈妈：

"我妈妈在生活和学习中特别不信任我，每天就像防贼一样防着我。比如学校临时补课，我回家晚了，她表面上相信我，而我一进自己的房间，她就开始打电话找同学验证。她怕同学在一起'串供'，于是，往往要问上好几个。就这还不能让她放心，最后还要打电话找班主任或任课老师证实。我们同学都称我妈妈为'编外班主任'。现在，我们班同学的情况，妈妈都了如指掌，比班主任还清楚呢……说白了，就是怕我骗她，想掌握我的动态。"

"平时她不允许我出门，说外面坏人坏事多，怕一不留神儿出事，更怕我学坏。她还不让同学来找我玩。她说怕麻烦，实际上就是怕耽误我学习，怕我跟同学学坏了。因此，每天上班前，她都要把拖鞋按她记忆的顺序摆好。一旦回家后发现拖鞋位置有变动，就要对我拷问一番。所以每当同学来家找我玩，我都得先把拖鞋的位置用铅笔划下来，再让同学换上。等同学走后，我再按原样摆放整齐，用橡皮小心擦掉地板上的痕迹。一次，同学刚把脚伸到拖鞋里，发现一把钥匙。我立刻明白了，又是我妈做的暗号……"

可能很多家长没有这位家长如此"细心"，但不信任孩子的现象绝对是很普遍的。孩子之所以自信，就是因为他首先获得了家长的信任；如果失去了家长的信任，那么自己的信心也将受挫。家长能明白这样的道理，就不难理解对孩子的信任的重要性了。

3. 责任感的流失

什么叫责任感呢？责任感就是一个人对自己、自然界以及包括国家、社会、集体、家庭和其他个人在内的整个人类社会的使命感。也就是说，责任感是一种自觉主动地完成分内分外一切有益事情的精神状态。英国王子查尔斯曾经说过："这个世界上有许多你不得不去做的事，这就是责任。"

大凡能干大事的人，都是责任心强的。一个没有责任心的人必然缺乏担当，缺乏担当的人恐怕难成大器。范仲淹的"先天下之忧而忧，后天下之乐而乐"是一种责任，林则徐的"苟利国家生死以，岂因祸福避趋之"也是一种责任，顾炎武的"天下兴亡，匹夫有责"，更是所有仁人志士的责任。西点军校的校训就是："责任、荣誉、国家"。强烈的责任感是一种让人受益终身的精神和品质。

负责任的孩子，朋友多，能办事。因为，这样的孩子，别人交给他的事就放心，别人也愿意跟他合作，容易得到朋友的依赖，长此以往，这样的孩子朋友就多，人缘就好。

然而，现在的独生子女由于被父母照顾得无微不至，而缺乏许多担当，没有责任心，既不懂得照顾自己，也不懂得照顾别人。他们只会埋怨父母没给自己准备下优厚的物质条件，而从不反思自己应当对家庭、对父母、对社会承担什么样的责任。

英国历史上曾经发生过这样一件事：杜邦率军未能攻下无切斯城，他在法拉格特将军面前极力为自己开脱责任。法拉格特听完后只说了一句话："一个重要的原因你没有讲到，那就是你一开始就不肯相信自己能成功。"

事实的确如此，如果你一开始就不相信自己能够成功，那么你绝不会成功。有的人永远缩在自己熟悉的领域，不敢去探索未知领域，这种人一开始就注定要失败了。因此，培养孩子的责任感，是当前教育迫在眉睫的一件大事。

4. 功利主义的形成

功利主义者认为，人应该做出能"达到最大善"的行为，所谓最大善的计算则必须依靠此行为所涉及的每个个体之苦乐感觉的总和，其中每个个体都被视为具有相同分量，且快乐与痛苦是能够换算的，痛苦仅是"负的快乐"。

不同于一般的伦理学说，功利主义不考虑一个人行为的动机与手段，仅考虑一个行为的结果对最大快乐值的影响。能增加最大快乐值的即是善；反之即为恶。

边沁和密尔都认为：人类的行为完全以快乐和痛苦为动机。密尔认为：人类行为的唯一目的是求得幸福，所以对幸福的促进就成为判断人的一切行为的标准。

功利主义的影响甚为广泛。它在法律、政治学、经济学方面更有特别显著的重要性。例如在惩罚方面，功利主义反对"一报还一报"的"报应"理论。

（1）在法律上

功利主义者认为惩罚的基本原理是通过改造罪犯或保护社会不受罪犯破坏，从而避免发生更多的犯罪行为，同时也使其他人因惧怕受到惩罚而不敢犯罪。

（2）在政治哲学上

功利主义者赞成将民主作为使政府利益与公众利益取得一致的一种方法。他们认为每个人的最大自由和其他人的同等自由是一致的。不过也有人因为强调政府利益的一面，而走向保守主义甚至独裁主义。另一方面，也有人因相信人性本善，认为最大的幸福是来自社会的根本变革，从而走向无政府主义的共产主义，如威廉·戈德温。

（3）在经济政策上

早期的功利主义者倾向自由贸易，反对政府干涉。后期的功利主义者由于对私人企业的社会效率失去信心，又希望政府出面干涉来纠正私人企业的弊病。

中国青年报的一份社会调查显示，74.9%的人认为是"社会越来越功利化"，60.7%的人选择"拜金主义横行"，52.4%的人选择"人脉变得越来越重要"。接下来还有："社会缺乏利他精神"（51.9%）、"商品经济的必然结果"（38.5%）、"生活压力普遍过大的结果"（36.4%）、"很多人不明白真正的友谊是什么"（33.8%）。

有人这样表示："我的朋友不少，但是大多数都是那种利益方面的朋友，能彻底交心的朋友只有三个，加上我的弟弟我们五个人，我和这几个朋友相识十几年了，也是在酒桌上认识的，经历过一些事情后发现这几个朋友可交，有事情的时候这几个朋友总能在最关键的时候给予帮助，我们是酒肉朋友，平时大家见面的时候不多，见面少不了一醉方休，可我觉得酒肉反而让我们的友谊更深，此生有这几个酒肉朋友我知足了。真正的友谊不会变淡的。"

调查中，69.2%的人认为，真正的友谊应该朋友之间"互相扶持，共同进步"；67.5%的人认为"君子之交淡如水，友谊不应建立在利益关系之上"；60.8%的人认为真正的朋友应该"直接指出对方的不足，给予建议"；55.5%的人选择"能经常为对方着想"；52.0%的人表示，好朋友之间不一定经常见面或联系。

友谊本身是一种情感的交流，但是如果我们一味地去衡量"得到"和"付出"的比重时，那全出于功利目的的交友，就不是"交友"，而是"交换"。其实通过这个调查，我们首先对该调查进行肯定，这表明老百姓开始关注情感，内心交流。其次，我们应该明白友情的功利化并不是这个时代独有的，每个年代都有，今天拿出来谈这个问题是社会的进步。再次，很多时候大家都把朋友这样的概念神化了，社会上几乎人人都知道朋友的重要性，都珍惜朋友之间的感情。但凡是人们珍惜的，也一定是稀少的，自古以来就有人感叹"人生得一知己足矣"。既然古人都这么说，我们又何必一定要强求呢？最后，随着时代的变化，在市场经济条件下，交友的模式也有所变化，不是以前传统的两肋插刀，应该更加智慧，肯定是诚心加人脉，一定是互惠互利，互相帮助。

5. 与异性关系的处理

目前，部分中学生早恋和追求异性刺激的现象不少。据有关部门调查，有早恋现象和在男女关系上有不良行为的中学生，约占学生总数的2.6%。部分中学生之所以出现这些行为，是由其生理、心理因素和客观因素的影响造成的。

在客观因素中，主要有以下几个方面。

(1) 社会上不良因素的影响

一是黄色书报、电视、录像、照片的毒害。大量事实表明，诱

发青少年学生谈情说爱和在男女关系上出现越轨行为的主要是黄色淫秽书画。

二是社会上一些坏人常常利用青少年的幼稚无知和好奇心，散播黄色思想、低级趣味，引诱、威迫学生走上邪路。

三是有关部门对威迫、腐蚀女学生的违法活动打击不力，也带来一些消极作用。

此外，宣传工作上的片面性，也带来一些不良影响。

比如，有些报刊开展了友谊和恋爱问题的讨论，只谈男女学生中存在一定隔阂这个问题的次要方面，而忽视了某些学生热衷于谈情说爱、早恋这个重要方面。还片面宣传吃喝玩乐，产生了消极作用。

（2）家庭教育方法不当

有的家长对子女放任自流；有的父母教育不得法或要求不一致；有的父母对孩子溺爱、纵容，甚至袒护；有的"其身不正"，对子女带来不良影响。

（3）学校教育存在薄弱环节

近年来，学校思想政治工作逐步加强，但仍跟不上形势的要求。特别是有些教师对后进生的教育存在畏难和厌弃情绪，认为"多一个不如少一个""少只香炉少只鬼"；有的认为这些孩子是自作自受、与己无关。

有的班主任责任心不强，工作不深不细，家访甚少，思想教育的针对性不强，对学生的心理活动、思想脉搏未能掌握，对他们的课余活动、家庭和社会环境的影响，缺乏深入的了解，中小学教育上的衔接不好，对刚进中学的学生在小学的表现了解不多，等到问题完全暴露才抓，增加了教育工作的困难。

同时，学校课外文体活动不够丰富，对学生课外阅读也缺乏指导，学生过剩的精力得不到正确引导。有的因此而想入非非，过早考虑男女关系问题。

第六节　社会

1. 科技进步与道德建设

科学技术是把双刃剑，它在推动经济发展和社会进步、创造现代工业文明的同时，也产生了种种消极的影响。

科学技术的滥用带来的社会问题是全球性的，伴随着我国科技进步和经济发展，有些问题已经十分突出：环境污染、水土流失与土地荒漠化严重，已对人民的身心健康和生存条件构成了巨大的威胁。

滥用化肥、农药、兽药导致农畜产品药物残留和有害物质超标，违规使用添加剂和非食用原料加工食品，带来的食品安全事件屡有发生。

我国青少年犯罪也日益呈现出高智能化趋势，电脑犯罪、信用卡犯罪、通信犯罪等高科技犯罪越来越多，危害性越来越大。

对于新技术的应用可能带来一些令人不安的道德后果，我国有学者早在20世纪80年代已表示担心，如避孕技术会不会带来性关系的混乱？电脑的普及和现代摄像技术的广泛应用会不会使人们的私生活受到种种难堪的威胁？……

科学技术的负面影响有时是难以避免的，因此，要避免和克服科学技术的负面影响，就必须在科学发展和社会道德精神之间找到平衡。对这种平衡的追求是今后几十年教育发展的主要趋势。

在21世纪，科技伦理的问题将越来越突出。核心问题是科学技术进步应服务于全人类，服务于世界和平、发展和进步的崇高事业，而不能危害人类自身。建立和完善高尚的科学伦理，尊重并合理保护知识产权，对科学技术的研究和利用实行符合各国人民共同利益的政策引导，是21世纪人们应该着重解决的一个重大问题。

青少年思想道德建设在这方面担负着极其重要的任务，它必须扩展自己的内容，宣传合作意识和集体主义思想，加强科技伦理和生态道德教育，培养年轻一代的环境保护意识和相应的法制观念以及利用现代科技成果造福人类和全社会的人道主义精神，使他们树立科学发展观，真正掌握可持续性发展的伦理意蕴。进而提高整个社会的思想道德水平，增强人们的社会责任感，并形成普遍的社会风尚，造成强大的社会干预，为科学技术的健康发展和科技成果的正确运用提供重要的思想道德保证和舆论监督机制。

2. 文化无立体，不易沉淀

一件文物只有经过几百年的岁月浸润，才能体现出它的文化内涵。时间越是久远，它的文化内涵越丰富，越让人崇拜。它已超出了物件本身的价值，这就是沉淀的力量，只有沉淀下来才能形成文化。

我们学校的教育也是如此，我们每天做的每件事也许不那么重要，但只要为了孩子们的发展，长期做这样的工作，日积月累，并把这些工作记录下来，保存到档案中，能够为以后的人做参考，这也是一种沉淀。

但是有些校长，只做一些表面文章，看似轰轰烈烈、热热闹闹，实际对学生没有大益，甚至以牺牲学生的利益来获取个人的前途，这样的活动不但沉淀不下来，而且还会遭人唾骂。

这种文化无立体、无沉淀的例子不少，如果学校也作秀，影响的是一批人，甚至是一代人。文化的沉淀不是一个人就能达到一定的厚度，需要几代人不懈地努力需要顺应时代潮流，尽最大力量沉淀更多的有用东西。

文化的积淀是一个漫长的过程，来不得半点虚假和敷衍，"生也有涯，无涯惟智"，看来，圣人凡夫一个理，那就是，谁都需要文化的采集和酝酿，前者在积淀的过程中扬长避短，取精去劣；后者也在积淀的过程中感悟、体会和升华，只要我们能用一颗璞玉之心来对待文化的话，和谐社会的"大同"就一定能够实现！

3. 潮流兴盛，人不迷失

只有活在当下，才会让自己过得轻松。人的思维敏感，但是往往就被这思维牵着转，有时候转的自己都觉得很累；就想放下，可是总是徒劳。

在这个与时俱进的社会，人的思维也跟着时代的变化而进步了，以前前辈们日出而作，日落而息，知足常乐。而如今的社会，如今的我们，真不知道是社会改变了我们，还是我们熏陶了社会。我们走在拥挤的潮流中，却迷失了自我的真谛。

人生如梦，流年易逝。我们要好好珍惜现在的一切，好好善待身边的家人、朋友，管好自己那颗驿动的心，不去追寻那虚无缥缈不着边际的梦，让实际生活增添色彩，增添温馨。

4. 物质至上，人勿肤浅

没有人怀疑这是一个物质极度繁盛的年代，同时，又是一个物质至上的年代。虽然我们在谈及物质层面的问题时，总不免要带上几句精神层面的问题，但也只不过是附带而已，充其量不过是附庸风雅。因为我们的骨子里充塞了对物质的觊觎和渴望，哪还容得下一点精神活动的自由与空间。

物质极度丰富，让人心驰神往！一些人为了满足物欲，不断地赚钱。渐渐的，个人的价值在公众视野中就与金钱的多少，以及获取金钱的能力画上了等号，人们浑然沉醉其中、乐而忘返。

那么，什么样的生活才是有意义、值得追求的呢？恩格斯给出了答案。他说，人是制造和使用工具的动物。其实还不完全，人与其他物种的区分根本上在于人的思想，如笛卡尔的"我思故我在"、帕斯卡尔的"人是一棵会思想的芦苇"等。

赚钱总是要花的，金钱至上必然导致消费盛行。但如果为了最大限度地消费，而无止境地追逐金钱，之后大肆地挥霍金钱，人生就陷入了怪圈。本应该是丰富多彩的人生，如果仅仅被简单化为赚钱、花钱，就辜负了这几十年在世的好时光。

5. 喧嚣声中，倾听内心

这是一个急速发展的时代，这是一个前所未有的时代。人们在喧嚣声中急速全进，快节奏的生活，已经让我们忘记了真正的自我，只剩下盲从的适应。

每个人的肩卜都有着庞大的责任，都在为一种叫以预见的"幸福"努力着。这种所谓的"幸福"，就是在城市里扎根，拥有房子、车子和票子。为了追寻这些，社会的大环境要求我们一路狂奔。

但是，在这个追求"幸福"的过程中，很少有人去思考我们会失去什么？大众眼里的"幸福"就一定是你的幸福吗？不一定！不同的人有不同的生活，当然追求的东西本是不尽相同的。但是现在却是一种怪态，大家都在追寻一种目标。

现在社会标准中的"幸福"并不适合所有人，但是所有人都在为之努力。有很大一批人只是盲从，别人认为好的，认为值的，在努力的，他们也觉得好，跟着努力。但是这部分人根本没有想过这种"幸福"是否适合自己。

幸福本身有不同的标准，因人而异。而现在幸福却已经被标准化了、具体化了。追寻这种幸福的过程中，他们可能要付出更大的代价，或许超越了成长本身的价值，甚至会失去生活原有的意义。

其实这是一种错误的价值取向，错误的衡量标准。幸福就如同人饮水，冷暖自知，外在东西根本就不应该参与其中，但是我们的社会强加给了这一代人。作为个体，我无力改变他人，唯一能做的就是坚持自我，坚持心灵。

6. 既求过程，也求结果

"只求结果，不问过程"如今似乎已经成了许多管理者嘴边常挂的一句话。这句话听起来好像挺有道理，然而仔细琢磨，却发现这完全是一种缺乏"人本"理念的思维。结果正确了，就大加表扬；结果错误了就大加批评。不能不说这种管理思维存在狭隘的一面，武断的一面，甚至是强权的一面。这种思维体现出人与人不平等的一面，只有建立在人与人相互平等基础上的思维才最具有生命力和说服力。

这种思维明显忽视了人的付出。作为执行者，最重要的是执行的过程，他们的付出也是在这个过程中，不仅仅是体力，更多的是感情的起起落落和心理上的体验，忽视了这一过程，也就忽视了对人性的关心与尊重。

这种思维明显带有霸权味道。试想一个人喜欢吃荔枝，却不管荔枝是怎么来的。所以，我们千万不要做只知道"一骑红尘妃子笑"的杨贵妃。

第三章　品格塑造的目的

第一节　树立良好的自我形象

1. 衣饰得体

青春是人一生中最美好的季节。青少年除了以丰富的学识和内涵谈吐来展示自己形象之外，还需要得体的服饰。在青少年追求穿着个性化和品牌化的今天，年轻的着装不需要华丽，只需要简约时尚而已。

干净得体的外表，更容易获得对方的好感。它会在不经意间让你散发出特有的气场，让人们更愿意与你亲近。

俗话说，人靠衣服马靠鞍。心理学的研究也告诉我们，人与人之间的沟通所产生的影响力和信任度来自语言、语调和形象三个方面。但它们的重要性所占比例分别是：语言7%；语调38%；视觉（即形象）55%，由此可见形象的重要性。

服装作为形象塑造中的第一外表，理所当然成为众人关注的焦点。你的形象就是你自己的未来，在当今激烈竞争的社会中，一个人的形象远比人们想象得更为重要。

2. 言语文雅

什么是语言暴力？百度百科里是这么解释的：语言暴力，就是使用谩骂、诋毁、蔑视、嘲笑等侮辱歧视性的语言，致使他人在精神上和心理上遭到侵犯和损害，属精神伤害的范畴；而低龄语言暴力，就是限定了施暴者或受暴者是青少年。

很多情况下，语言暴力源自不平等的相互关系，受害者通常缺乏自卫的力量，未成年人遭受的语言暴力就属于这一类。

在家庭教育中，父母总爱用过激的语言伤害孩子。父母对孩子说过激语言就是对孩子实施软暴力。这种语言伤害有时比痛打孩子一顿更严重、更可怕。但是，很多家长并不能认识到它的严重性，还是一如既往地对孩子实施语言软暴力。

现实生活中，语言伤害造成孩子走向极端的事例屡有发生。很多情况下，孩子就是被父母的话逼得走投无路了才走上绝路的。比如，在孩子与家长之间存在分歧时，家长为了让孩子屈服，就利用孩子对父母的依赖性强的弱点，动不动就说："滚得越远越好!""你真有本事就别回这个家!"当孩子考试不理想时，家长会说："才考这么几分，我要是你我就从窗户上跳下去死了算了，就不知道丢人现眼。"

家长说出这些话无非有两种用途：一是发泄自己心中的不满情

绪，二是让孩子知道耻辱而更加奋发图强，给自己争口气。第一个
目的显然家长是轻松达到了；而第二个目的恐怕往往是要落空的，
孩子是要给自己争口气不假，但不是奋发图强，而是像个英雄一样
走了，再不回头，即便是跳楼也不会向父母低头。

家长对孩子实施语言软暴力会造成什么后果呢？下面我们来看
一个事例：

一个名叫赵亮的孩子刚上高中，可能由于不适应新环境，
学习成绩有所下降。他的母亲怕孩子一直跟不上，就给孩子找
了一位家庭教师。母亲想，一是可以给孩子赶快补上落下的功
课，二是孩子从高一就开始有家庭教师补习功课，等到了高考
时，成绩一定能有很大的提高，说不定还有惊喜给自己呢。

就因为母亲过于乐观的理想，赵亮每到周六周日，就得在
家里补习功课，还要做家庭教师布置的海量作业。当其他孩子
都在楼下玩耍的时候，孩子的作业做的还不足三分之一呢。就
连晚上，赵亮也不能早点休息。就这样，作业好像永远也做不
完。赵亮也知道妈妈是为自己好，也很配合地埋头用功。

一天，赵亮的一个好同学国栋过生日，赵亮很想去参加同
学的生日晚会，可是这天晚上正好家庭老师要来给他补习数学。
赵亮想了想就去找母亲商量，希望母亲能同意自己请一晚上假。

可母亲听完孩子的请求后，非常生气地说道："你怎么还是
光知道玩呢，给你说过多少次了要好好学习，你知道妈妈请人
家来给你上这一次课得多少钱吗？"

"我不知道，但是我就去玩一个晚上，我不是每天都在学习吗？再说，你整天就知道让我学习，除了学习还是学习，我都快学成傻子了。今天是我好朋友的生日，一年就这一次，难道我就不能放松一下吗？"赵亮都快急哭了。

"你哪来那么多废话，说不行就是不行，没有什么条件可讲的。你要是今天敢去，就不要再回这个家门了。"

赵亮听了母亲的话也非常生气："不回就不回！你以为我愿意回来啊？"

"行，长本事了，你想去哪就去哪，只要不回来就行。看你有多大能耐！"

赵亮没等母亲说完就摔门走了，这一去就是三天三夜没有音讯。这可把他的母亲急坏了，实在没有办法就报了警。

一周后，在公安部门的帮助下，母亲在另一个城市的火车站候车室找到了赵亮，当时孩子已经晕倒了。赵亮的妈妈后悔地流下了眼泪。

在我们身边，像这样被父母用过激的语言伤害而离家出走的孩子真是太多了。很多家长认为孩子离家出走的原因在孩子身上，孩子不想学习，不能接受父母的批评教育，不理解家长的良苦用心……其实不然，很多情况下，孩子就是受不了家长的语言软暴力才离家出走的。

上面这个例子中，孩子和家长在发生激烈的争论后，家长为了让孩子屈服就用语言暴力来吓唬孩子。虽然家长只是一时气急，并不是真心的，但这话让孩子怎么面对，向你低头是不可能的，孩子更愿意选择离家出走这条路。虽然自己吃苦但也要比向父母低头强多了，孩子也会想到这次的低头以后就再没有翻身的机会了。因此，不要动不动就用过激的语言来威胁孩子，这对孩子的伤害是非常大的。不管你的孩子是多么淘气捣蛋，都不要对孩子施以语言暴力。

与人相交，切记人本身并不是一种逻辑、理性的活物，而是一种充满感情、偏见和虚荣的活物。尖刻的批评就像是个危险的火星塞，足可引爆人们心中浮夸的虚荣与自尊，甚至可置人于死地。

天下再笨的人，也懂得批评、咒骂、抱怨他人，而大部分会做这些事的人，都是不能成功的。只有学会体谅、宽容，做一个品格高尚、能力强的人才有可能成功。所以，我们何不试着多去谅解别人，别再去批评他人，做到言语文雅。唯有如此，我们才能不受其弊，反得其利，才能得到更多的成功机会。

在与别人交流的时候，你永远不要这样开场："好！我要如此证明给你看！你这话大错特错！"这无异于向他人表明："我比你聪明，我要让你改变想法。"这种做法无疑会引起反感并爆发一场冲突。

当富兰克林还是个毛躁的年轻人时，有一天，一位教友会的老朋友把他叫到一旁，尖刻地训斥了他："本杰明，你真是无可救药。你已经打击了每一位和你意见不同的人。没有人承受得起。你的朋友发觉，如果你在场，他们会很不自在。你知道得太多了，没有人再能教你什么，也没有人打算告诉你些什么，因为那样会吃力不讨好的，而且又弄得不愉快。因此，你不能再吸收新知识了，但你的旧知识又很有限。"

富兰克林接受了那次严厉的训斥。他发觉他正面临社交失败的命运，于是，立即改掉了傲慢、粗野的习性。

"我立下一条规矩"富兰克林说，"绝不正面反对别人的意见，也不准自己太武断，我甚至不准许自己在文字或语言上措辞太肯定。我不说'当然''无疑'等，而改用'我想''我假设''我想象'或者'目前我看来是如此'这些语言。当别人陈述一件我不以为然的事时，我绝不立刻反驳，或立即指正他的错误。我会在回答的时候，表示在某些条件和情况下，他的意见没有错；但在目前这件事上，看来好像稍有两样，等等。我很快就领会到改变态度的收获：凡是我参与的谈话，气氛都融洽得多了。我以谦虚的态度来表达自己的意见，不但容易被接受，更减少了一些冲突。我发现自己有错时，也没有什么难堪的场面，而我碰巧是对的时候，更能使对方不固执己见而赞同我。"

不论你用什么方法指责别人——你可以用一个眼神、一种说话的声调、一个手势，就像话语那样明显地告诉别人——他错了，你以为他会同意你吗？绝对不会！因为这样直接打击了他的智慧、判断力和自尊心。这只会激起他的反击，绝不会使他改变主意。即使你搬出所有柏拉图或康德式的逻辑，也改变不了他的意见，因为你伤害了他的感情。

请记住这条人生哲学：谦虚地表达你的意见，不要尖刻地批评别人。当你养成这个习惯的时候，你会赢得更多的朋友。

3. 礼貌待人

毫无疑问，孩子天生并不知道什么叫做礼貌，更不知道什么叫做失礼，他们还不懂得不文明的行为会给别人带来伤害。所以，他们常常说些失礼但却有趣、或无礼但却真实的话，就像"妈妈的眼睛真小""爸爸长得真黑"等。

这种无礼是由孩子的天真无知造成的。家长是教孩子懂礼貌讲文明的第一位老师，有责任教育孩子做个文明礼貌的人。

然而，不少父母认为，现代社会是个自由的社会，懂不懂文明礼貌没关系，只要学习好、有真本事就行了。还有的父母认为，小孩子天真无邪，长大以后自然会讲文明懂礼貌。

其实，这些都是错误的想法。一方面，孩子讲文明懂礼貌需要从小培养，否则就会形成坏习惯；另一方面，越是讲文明懂礼貌的孩子，越能获得自由发展的广阔天地，因为这样的孩子更容易受到他人的尊重和喜欢，更容易征服自己的对手。

苏联作家冈察尔说："礼貌是最容易做到的事，也是最珍贵的东西。"英国著名哲学家约翰·洛也说："礼貌是儿童与青年所应该特别小心地养成习惯的第一件大事。"显然，礼貌对一个人来说是多么重要。讲文明懂礼貌的孩子才会受人欢迎。

讲文明懂礼貌是人们在社会生活中必须遵循的行为准则，家长教育孩子成功与否首要的一点就是看孩子是否具有良好的文明礼貌。

下面我们来看一个事例：

> 夏利的妈妈是一家商场的售货员，她自己的文明素质很高，对夏利的要求也比较高。在妈妈的教育和影响下，夏利这孩子养成了很好的文明礼貌的习惯。
>
> 生活中，夏利总会熟练地使用"您好""请""谢谢""对不起"等礼貌用语，亲朋好友经常夸奖她懂事。一次，在公交车上，夏利和妈妈一起并排坐在靠走道边的座位上。这时，上来一位老太太。夏利的妈妈说："宝贝，我们是不是该为老太太让个座位呢？"女儿很懂事，站起来就对那位老太太说："老奶奶，您坐我这儿吧。"
>
> 正因如此，夏利在学校还获得了"文明礼貌小标兵"的荣誉称号。

以上这个事例中，我们不得不表扬一下夏利的妈妈，她是一位好母亲，在她的调教下，女儿从小就讲文明懂礼貌。可以说，夏利的妈妈是家长中的楷模。

讲文明懂礼貌是一个人具有高修养水平的体现，而这种良好习惯应该是从小养成的。父母可以从以下几个方面来培养孩子良好的行为习惯。

（1）从小注意训练孩子懂礼貌讲文明的言行

告诉孩子在与长辈说话时要称呼"您"，请求别人帮忙时，要说

"请"字，接受别人的帮助后，要向别人道谢。要教孩子使用"对不起""没关系""别客气"等礼貌用语。同时要注意将文明礼貌用语的训练和文明礼貌行为的培养有机地结合起来，这是培养孩子讲文明懂礼貌的重要途径。

（2）家长首先要讲文明懂礼貌

家庭环境影响着孩子成长的方方面面，什么样的家长就会教出什么样的孩子。如果家长自己就不讲文明礼貌，即使对孩子的管教特别严，苛求孩子的言行要有礼貌，效果肯定也是不明显的。孩子最初是在模仿家长的语言和行动中长大的，家长的所有行为都会对孩子产生很大的影响。因此，要想把孩子培养成为一个讲文明礼貌的人，家长首先就要是一个讲文明懂礼貌的人。

（3）将培养孩子讲礼貌的行为贯穿在日常生活中

例如，在吃饭时，可以规定孩子要等爷爷奶奶先入座、先动筷子后，才可以吃；有客人来时要让孩子主动跟客人打招呼，给客人让座、倒茶；在接受别人的礼物时，让孩子用双手去接，并表示感谢；当孩子外出或从外面回来时，要让他跟家里的人打个招呼；教孩子和别的小朋友一起玩时要友好和谦；在别人家玩耍时，要让孩子懂规矩，不乱翻乱拿别人的东西，等等。

（4）发现问题及时解决

培养孩子文明有礼的习惯是一个长期的、循序渐进的过程，家长不要想着孩子能在一夜之间就变得以礼待人了。当发现你的孩子不习惯用文明语言时，要立即纠正，直到孩子养成了讲文明懂礼貌的好习惯为止。

例如，孩子和长辈说话时没使用敬语"您"，家长发现一次要更正一次，直到孩子改正过来为止。这样孩子会意识到应该尊重长辈，和他们说话时应该讲礼貌、有礼节。家长不要把孩子的许多问题都集中起来，试图突击解决。正确的做法应该是发现一个问题解决一个问题。

（5）对孩子的礼貌行为进行表扬

父母应尽可能鼓励孩子偶然的礼貌行为，不过应让孩子明白你为什么表扬他。在表扬孩子时，应具体说明表扬他的原因。父母对孩子的表扬越具体明确，孩子越知道自己表现得好会得到父母的肯定和鼓励，以后就会坚持下去。

总之，通过以上几点品格塑造，让孩子学会礼貌待人。

4. 自我接纳

青少年的自我接纳不够是一个时代现象。其实，不仅在儿童、青少年阶段不能很好地评价自我、接纳自我，甚至在成人当中这个问题也是非常突出的。

青少年为什么不能很好地接纳自己呢？

我们要看一下他对自我的评价是如何发展起来的。小孩子最初的评价源自父母、老师、成人、重要的人对他的评价。如果这些人对他的评价是"你很好""妈妈很喜欢你",这些孩子自我接纳就是正向的因素。

相反的,一些父母指责孩子,甚至在指责他行为的同时,也在贬低他的人格。父母和他说"你不行""你很笨",对孩子人格进行贬低,孩子慢慢就觉得我不行,我不如别人,我很笨,逐渐他的自我会发生一些偏差。

另外,成年人在引导儿童、青少年很好地去认识、接纳自己的过程中,尽管他人对儿童、青少年评价很重要,但这种评价不是完全正确的。在这个过程中,成人要引导青少年认识到,我要客观地去评价我自己,有的外来评价是好的、正确的,我接纳它;有一些外来的评价不是很正确、是偏颇的,我可以很客观地去看待它。如果觉得是不正确的评价,我可以拒绝它。

青少年要从他人对我的评价转化为我自己要很好地评价我自己、看待我自己、接纳我自己,而不是百分之百把他人的评价作为自我评价的唯一标准。

比如,有的学生偏科很厉害,数学老师很喜欢他,他数学学的非常好;语文老师不喜欢他,他很讨厌学习语文。学生在学习过程中,把老师喜欢不喜欢他、认不认可他作为他自己对自我的一种评价,作为他去从事活动的最重要因素。

这在很大程度上影响了学生。学生会觉得"我学习是为了老师学,而不是我自己愿意去学、喜欢去学"。本质上发生了变化。我们一定要帮助学生注意到这个问题。

引导青少年进行正确的自我接纳，才能树立良好的自我形象，达到完善品格塑造的目的。

5. 自我肯定

你过早地给孩子下过结论吗？可能很多家长都会说没有，谁会在孩子还小的时候就给他下结论呢？其实家长错了，错在不知不觉中就给孩子下结论了，例如，"你一辈子就这样了""没多大出息""指望你成才是不可能了"……家长无形中就对孩子失去了信心。

其实，很多父母都犯过这样的错误，像说孩子，"这孩子脑子反应慢""这孩子笨""这孩子就不知道学习""这孩子干啥都没有胆量"……

这样的话我们经常可以听到，不管是家长出于谦虚，还是别的目的，这样的话就是对孩子的一种定位，是家长的一种评价，不管你是不是有心的，孩子听到一定会记在心里的，进而影响孩子潜力的发挥。

曾经听说过这样一个事例：

有个 13 岁的中学生，天生脑筋比较迟钝，学习什么都比较慢，但性格却比较倔强，而这孩子的弟弟却长得与他截然不同，浓眉大眼，看着就聪明伶俐。

两人在一个学校上学，哥哥原本比弟弟高两个年级，后因为功课一直跟不上，三年内连续留了两次级就与弟弟同班了。

也许正是由于他读书成绩不好，又没有讨人喜欢的外表，所以父母对他产生了厌恶的感觉。每次看到他作业总是全错，就会情不自禁地唠叨起来："我怎么会生出你这么一个又蠢又丑的笨蛋！你这辈子是没有什么出息了。"

这个孩子虽然反应迟钝，但是对父母这样的话还是听得懂的。孩子都是有尊严的，孩子因此对自己完全失去了信心，再加上在家中得不到父母的疼爱，吃安眠药自杀了。孩子死后，他的父母也十分伤心，但悔之晚矣！

这就是父母过早地给孩子下结论的悲剧。当然，父母并不是真的就觉得孩子一无是处，更多的也是想激发孩子能好好学习，但这个家庭中的两个孩子明显不同，用同样的要求去对待两个截然不同的孩子只能害了孩子。甚至两个孩子都可能受到不同程度的影响。

天下的父母都是特别疼爱自己的孩子的，正是由于这种疼爱让父母对孩子的某些缺陷更加关注和怨恨，往往在生气或孩子不听话时，这种对上天不公的怨恨就发泄了出来。这对于做父母的人是可以理解的。然而，它无意间对孩子心灵造成的伤害却是无法弥补的。

所以，对待有缺陷的孩子，父母需要更多的耐心和爱心，使孩子时时刻刻能感到温暖和关爱，以树立孩子克服自身缺陷走向成功的信心。同时，作为父母，为了鼓励孩子奋斗的勇气和增强对生活的信心，还应该更加细心和热情地去发现孩子的优点，使其发挥长处。

其实，每个孩子都有发展的潜力。就像有的孩子虽然考试成绩不好，但在音乐方面却极有天赋，对于歌曲在听过几次以后，就能唱出来，而且歌声动听。对于这样的孩子，父母就应当认同他在音乐上的天分。这样，本来自认不是读书材料的孩子，就会一下子恢复信心。

因此，挖掘孩子的潜力，使孩子具备一项或两项特长，不仅可以增强孩子在社会上的竞争力，而且可以增强孩子的自信，使孩子在群体生活中保持良好的心理状态。

很多天才人物在学校的成绩并不好，有些天才甚至在儿童时期被讥笑为呆瓜，然而，由于他们热衷于自己喜爱的某种领域的知识，发挥了自己的潜能，他们最终走向了成功，取得了辉煌的成就。

也许你的孩子学习成绩很一般，但只要细心观察，仍会发现孩子身上有许多闪光点，抓住这些闪光点鼓励孩子，孩子就能找到自信，进而在学习上取得成功。因此，对于每个孩子来说，缺少的不是天赋潜能，而是被发现的机会。

爱尔维修曾经说："即使是普通的孩子，只要教育得法，也会成为不平凡的人。"所以，家长想让孩子成才，家长必须相信自己孩子的潜能，并能发现和发挥孩子的潜能。

每一个孩子将来所能达到的智慧水平、人格高度都是未知的，所以父母不要过早地给孩子下结论，不要经常唠叨孩子的短处。作为父母，为了把孩子培养成一个成功的人，你就应该帮助孩子发掘他的潜能，帮助孩子找到适合自己的领域。不要过分要求孩子，让他根据自己的能力自由发挥。放开手脚让他去做，孩子也许给你带

来的是意想不到的结果。

这就是品格塑造的目的，即通过道德塑造，可至自我肯定。

6. 自我成长

每个孩子都是不一样的，这一点家长都是认可的。既然孩子都不相同，孩子就有自己的特点，自己的个性。个性是孩子自我成长的支撑，孩子自身潜力的发挥往往依赖于孩子的个性。因此，孩子个性的发展不应受到限制。孩子只有自由成长，才能更快地找到成功的捷径。

限制孩子的个性发展就是压制孩子的自发性成长。家长对孩子施加不合适的管束，把孩子放在自己心目中"好孩子"的框框里来培养。父母为了把孩子塑造成自己理想中的"好孩子"，对孩子施加命令、压力，支配孩子的行动。如此一来，孩子慢慢地就变得老实听话。可能这时父母还会为自己的教子有方而暗暗得意，其实这样的行为已经限制了孩子的个性与潜能的发挥。这样，孩子就逐渐失去了自己的特色。

有个性的孩子到哪都能给人留下深刻的印象，而家长培养出来的"好孩子"虽然什么事情都做得很好，但没有自己的特点就很难给人留下深刻印象。

倒不是说这样的孩子不好，现在社会竞争如此激烈，孩子要想取得成功，就必须有和别人不一样的本领。就是靠自己的个性来展示一个不一样的自我。这是孩子在竞争中取得胜利的重要条件。

下面我们来看看胡女士教育女儿的事例：

　　胡女士有个 6 岁的女儿，天生就非常可爱，见到人就笑，很受大家的喜爱。

　　孩子在逐渐长大的过程中，表现出了自己的个性爱好。孩子很喜欢画画，一有空就拿起笔在地板上、墙上、桌子上画个不停。开始家长还没觉得有什么不好，可孩子总是将家里所有的地方都涂得乱七八糟，妈妈就有点生气了。可是，说轻了孩子她也不听，说重了孩子就会和妈妈哭闹。妈妈不想任孩子这样"胡闹"下去，就多次用家里的小木棒打她，还对她说："你再这样把家里画得又脏又乱的，我以后就扭断你的小胳膊！"

　　女儿很害怕，再也不敢在家乱画了。

以上事例中，胡女士教育孩子的做法是不恰当的。在这种教育方式下，孩子的个性不会得到自由发展。

其实，胡女士应该尽力给孩子提供一切便利，促进女儿的兴趣发展。"棍棒教育""严厉管教"早已是过时的教育方法，根本不能适应现在的孩子。只有尊重孩子，鼓励他们个性的自由发展才是现代教育观念的主流。

家长必须尊重孩子的兴趣爱好，因势利导，让孩子自然健康地成长起来。千万不要只按照自己的意愿来设计孩子的生活不顾孩子的个性特征。

培养孩子个性发展，是透过道德塑造来推动青少年自我发展的具体体现。品格塑造的目的是帮助青少年自我成长，而青少年的自我成长，是一种内在的形象，是精气神。树立良好的自我形象，青少年自我成长更应该得到重视。

第二节　建立稳定的人际关系

1. 亲子关系的修复

生活中，即使孩子已经有能力照顾好自己了，仍然有很多家长把他们当婴儿一样照料得无微不至。家长对孩子这种全方位掠夺式的保护，不仅不会促进亲情的增长，还会挫伤孩子的自主意识，损害孩子的自主能力，打击孩子的自信心。

父母过度保护孩子的行为就是在告诉孩子：孩子需要父母的帮助，没有父母孩子就会失败。这样的孩子不可能自信，更不可能有自理能力。这样的结果，只能培养出一个事事依赖父母的孩子，就算孩子成绩多么突出，孩子也是有很大欠缺的。

父母过度保护孩子会限制孩子智力的发展。孩子的智力是在不断的实践活动中发展起来的，孩子受到父母的过度保护，就很少有机会去探索和发现，甚至孩子得到满足根本就不用动脑筋，不用努力。这样的孩子缺少探索的机会，这样只会影响孩子的智力和能力发展。

父母的过度保护会压制孩子的学习动机。人的一切活动都是动机来推动的，动机的产生是建立在需要的基础上的。心理学证实：个体在生理或心理上有某种需要，这种需要的内驱力是动机，由此推动个体产生为满足其需要的一系列行为。

但是孩子受到了父母的过度保护，孩子的需要都由父母来满足，孩子就失去了动机，失去了对外界事物的兴趣和好奇心。孩子就不会有探索世界的主动性、积极性和意志力。

过度保护孩子的父母大部分是有许多忧虑的人。这样一来，孩子在发展过程中，许多要经历的、要挑战的课题都没能面对。不如说：怕孩子摔倒受伤，而不让他骑自行车；担心有玻璃碴会伤到脚，而绝对禁止孩子在沙滩脱鞋；教孩子绝对不要跟陌生人说话。

这种过度保护，扭曲了正常的亲子关系，父母表现上是为了孩子，其实是害了孩子，对于青少年的成长是极为不利的。

除此以外，父母总是会不断地给孩子暗示着那些有可能发生的拐骗、绑架、火灾等意外事件。像这样，如果总给孩子烙上事件危险性的印记，孩子就会觉得这个世界充满危险，除了父母，其他人都是不能相信的。结果呢？就变成了那种依赖父母的孩子，而且，对于危险信号总是很敏感。长大之后也总是会紧张不安。

过度保护孩子会阻碍子女独立性的发展。被过度保护的孩子，也会因缺乏社会经验而变得自卑并害怕挑战。替孩子去做事和事先告诉孩子，这就像是在向孩子传达这样的一种信息："你一个人做不了。"在父母的这种态度下，孩子就会失去信心，并有了轻易放弃的倾向。

孩子不磕不碰长不大！受过度保护成长的孩子，在社会上会遇到许许多多的问题。在家里，父母会帮他解决所有问题；但在外面连一个帮忙的人也没有时，孩子就会退缩，回到家后，只会发火，什么事情都怪父母。

在人际关系方面，孩子也只是觉得自己要得到帮助，在与同龄人的交往中无法形成平等的关系。就像是从父母那里得到帮助一样，孩子觉得从朋友那里也会受到欢迎，得到帮助，结果朋友们一个个离开了。

过度保护孩子，也就剥夺了能让孩子成长的机会，最终导致孩子什么事情也不会做。

修复这种不恰当的亲子关系，需要做到从"过度保护者"到"坚实保护者"的改变。

在孩子成长过程中，应该让其经受适当的考验，并取得一定的成就，让他们自己克服所遇到的困难。这时候，父母只要积极地去评价孩子的能力，并积极地反馈就行了。父母不是代替孩子做事的"代理人"，应该是在后面守着孩子的"坚实保护者"。

下面我们来看看蓉蓉的事例：

蓉蓉是父母的掌上明珠。冬天，妈妈会给孩子穿得严严实实的，并保证每天接送孩子上下学。为孩子准备学习用具，为孩子盛饭脱衣取帽……照顾得无微不至。

爸爸还经常嘱咐孩子，课间不要乱跑，避免伤着自己。夏天，爷爷会在课间给孩子送来饮料，怕孩子在学校喝到不卫生的水，还时不时地给孩子送好吃的，总是怕孩子饿着。

然而，家长的这种过度保护并没有给孩子带来一个好体质，反而孩子会经常生病，不是今天发烧，就是明天头疼。孩子在家人的过度保护下，也变得越来越内向，很少与人交往。

可见，孩子在成长过程中，父母对孩子的过度保护只会适得其反，它会影响孩子身体和心理的健康发展，令孩子对父母过分依赖，缺乏自信和独立能力，甚至使孩子变得孤僻、不喜欢与人交往、不会关爱他人、以自我为中心、没有社会责任感。

不良的品格，是由于亲子关系窘造成的，而反过来，建立青少年的道德品格，优良的品格能使亲子关系更加紧密，所以修复亲子关系，对于塑造青少年的品格极其重要。

2. 促进亲情的增长

天下的父母都是爱自己的孩子的，孩子从小对父母也都是有感情的，但孩子很多时候不知道怎样去表达对父母的爱，常常做出一些让父母哭笑不得的事情。

例如，一个 3 岁的孩子，看见妈妈来了，高兴得在妈妈身上咬了一口，痛得妈妈直想打孩子。这就不能怪孩子了，家长应该怪自己才是。孩子还不懂得怎样去表达自己对妈妈的爱，怎能促进亲情的增长呢？这不就是父母的过失吗？

在一份对中学生的调查中发现，很多孩子表示自己不知道该怎样去向父母表达爱意，他们都表示自己了解父母的苦心，觉得父母真的挺不容易的，自己只能用成绩来向父母表达，但很多时候孩子想取得好成绩是心有余而力不足。

同时，在对父母的调查中发现，很多父母都会觉得孩子不能理解自己的苦心，不知道自己工作是多么的辛苦，孩子还不知道珍惜他的美好生活，学习成绩总是上不去，让人伤心啊。

为什么会出现这样的反差呢？其实原因很简单，就是孩子不会表达自己对父母的感情，自己对父母的感激、爱意不能表达出来，父母当然就感受不到孩子的心意。而父母只会留意孩子的成绩，总是一厢情愿地以为孩子如果知道自己的良苦用心，就会用好的成绩来回报自己，可现实中不可能每个孩子都能考第一，有排名就会有倒数第一。如果以成绩排名来报答父母的爱，那有的父母就真的得不到孩子报答了。

孩子不会表达自己对父母的爱，一是因为父母没有教会孩子正确的表达方法，二是因为父母不在乎孩子的爱。看看下面这个事例我们就明白了：

实验小学三年级二班举行了一次辩论会，辩论会的主题就是"我的妈妈最爱我"。辩论会是开放式的，每个学生都可以讲述自己的妈妈是怎么样爱自己的，而表现最好的孩子会得到老师准备的一个水杯送给自己的妈妈，以此来表达对妈妈的感激之情，同时也让孩子们通过讨论去认识父母对自己的关爱。

活动进行得非常顺利，孩子们畅所欲言，都说出了自己在家中受到妈妈无微不至的爱，也都表示愿意给父母更多的回报。

其中，学生张超在辩论会上有着出色的表现，他讲述的是妈妈平时对他各个方面的教育培养。通过总结，老师们觉得张超的妈妈做的是最好的，就宣布张超是冠军。张超为妈妈赢得了一只印有"妈妈，我爱你！"的水杯。

放学后，张超就急急忙忙地回到家里，希望妈妈看到水杯后会很惊喜。没想到孩子的行为却让妈妈有点生气，妈妈说："我关心你照顾你是为了你好好学习，不是让你出去炫耀的。"妈妈对孩子的礼物更是一点兴趣都没有。

倒是爸爸理解孩子："儿子真懂事，能够理解妈妈的苦心，以后好好学习来报答妈妈就是了。这个水杯很漂亮，我替你给妈妈吧，有你这样的孩子，爸爸真的是最幸福的。"张超听了爸爸的话，也开心地笑着点了点头。

以上这个事例中，我们不得不承认张超的父母教育孩子是成功的，但母亲的这种忽视孩子情感表达的行为就有点不妥了。

大多数人受传统思想的影响往往喜欢低调的生活，不喜欢过分张扬，或者说不习惯别人对自己的赞美。但孩子表达自己对父母的爱是很正常的，孩子不仅要在你身边向你表达出他的爱，甚至要让所有的人知道自己对父母的爱，爱只有表达出来才有意义。

父母是孩子一生中接触最多的人，如果孩子不能正确表达出对父母的爱，孩子就不可能在社交中有更好的表现，因为他就不善于表达自己对别人的感激之情。所以，家长有必要让孩子锻炼自己表达爱的能力。

孩子不懂得如何把"爱"说出来，与家长们平时忽视孩子对爱的表达有关。因此，家长应该教孩子一些表达爱的方法。可以教孩子在爸爸、妈妈下班回到家时，要主动向父母问好，请爸爸妈妈坐下来休息会儿；当爸爸妈妈在休息的时候千万不要吵闹；有了好吃的要先想着让家里的长辈尝一尝；有老人身体不舒服时，要主动上前问候，等等。这些都是孩子表达自己感情的好方法，家长应该在孩子刚开始学走路说话时就教孩子这些基本的表达方法。

父母需要孩子的爱，就让孩子勇敢地表达出来吧。教孩子把"爱"说出来，一靠父母的指教，二靠家长监督孩子反复实践练习。因此，家长要为孩子提供更多的练习机会。

比如，妈妈蹲着洗衣服时，爸爸可以提醒孩子搬小凳给妈妈送过去，妈妈可能不需要，但她心里也会甜滋滋的。邻居家的奶奶腿脚不好，家长可以让孩子帮助其买菜等。孩子做了这些事情后，自然会受到大人的夸奖，因而心情愉快。经过不断地练习实践，孩子就会懂得如何尊重长辈、孝敬老人，并且也学会了表达爱意的方法。

当然，也有很多家长不是这样教育孩子的，他们总是简单地以"爸爸妈妈挣钱给你花""爸爸妈妈不让别人欺侮你""爸爸妈妈最疼你"等为条件换取孩子的"爱"和"尊重"，这样换来的爱和尊重是最容易垮塌的，孩子不但学不会表达自己的爱意，甚至还会讨厌父母的强迫，因为他们会觉得这是父母应该做的，不应成为父母要求自己的理由。

3. 认识友情的真意

交际能力是一个人能不能适应现代社会的决定性因素之一，而这种能力就是在人的不断交往的过程中慢慢培养形成的。现在有很多孩子不善于和别的孩子交往，更不懂得交际技巧，甚至经常逃避交往，这样的孩子迟迟不敢把友谊的双手伸出去，是不可能得到朋友的，更不可能在交往中提高自己各方面的能力。

美国心理学家卡耐基认为，一个人的成功30%靠才能，70%靠人际关系。人际交往能力是一种驾驭生活、完善自我的能力。在竞争日益激烈的社会里，如何让孩子学会交往，应该是我们家长必须解决的问题。

正常交往能培养孩子良好的社交能力。而良好的社交能力又是孩子建立良好人际关系的前提，它有利于孩子心理健康的发展，有利于孩子自我意识的发展与完善，帮助孩子克服困难、促进孩子的成长与进步。要提高孩子的交往能力，首先就要有更多的正常交往。所以，家长不应该限制孩子的正常交往。否则，就会对孩子的成长产生不好的影响。

下面我们来看一个事例：

真真的父母特别希望自己的孩子成才，在学习上会尽量满足孩子的要求，生活上也对孩子关怀有加，言行上更是严格规范。真真也能体会到父母的良苦用心，平时也处处都按照父母的意思做事。她是个非常听话懂事的孩子，但学习成绩始终是班上的中等水平。

真真上了高中以后，父母为了提高女儿的学习成绩，就想找个品学兼优的女同学做孩子的朋友，让她来帮助孩子学习。父母通过仔细察访筛选，把小利请到家里来玩，请她帮一帮真真的学习。他们让两个孩子在其他方面也互帮互助，并嘱咐孩子远行或走夜路时要大家一块，争取将来能一起考上理想的大学。

可是，没过几天，真真就与小利闹"分手"了。原因是小利的性格与真真完全不一样，小利性格孤僻骄傲，在真真向她请教有关学习上的问题时，她总是给人一种居高临下的感觉，不愿答时还讽刺真真几句。真真自小就自尊心很强，她的父母这样做她都不能接受，更不要说是同学朋友了。

通过一段时间的交往，班上的同学都有了一定的了解，真真被班上一名叫张涛的男同学吸引住了。

张涛在班上其他同学中有与众不同的气质：谦逊、和蔼，学习刻苦，思维敏捷，处事严谨，对人诚恳，乐于助人，从不计较个人得失。于是，真真就很喜欢在学习上主动请求他的帮助，而张涛也很乐意伸出援手。时间长了，他们自然就成了很要好的朋友。正是由于他们的交往只是学习上的交往，平时谈论的话题也多与学习相关。所以，不但张涛的学习成绩没有下降，而且真真的学习成绩也有了很大进步。

真真和张涛在学习上携手并进，班上有一些人捕风捉影的说他们在谈恋爱。可能说者无心，听者有意，这话很快就传到真真妈妈那里，她气得一回家就把女儿痛骂了一顿："你这个不争气的东西，我给你找个女同伴，你就不和人家搞好关系，自己却去找个男朋友，你才多大都不知道丢人，看人家都是怎么说你的？"

"妈妈，我们在一起只是讨论学习上的问题，我们的交往也只是为了共同学习。你就知道听信谣言，我是清白的！你可以去调查……"

"住口，今后不准再与张涛来往了！"

真真什么也不说，只是伤心地流下了眼泪。

以上事例中，本来正常交往的孩子就这样被家长误解了。家长必须清楚，每一个健康的孩子都必须要学会在集体中过正常的生活，在集体中学习，而这个群体有孩子们自己认同的行为模式，有自己的喜怒哀乐。

因此，从某种意义上说，只有当孩子有了自己真正的朋友，有了自己的交往圈子，才会对生活有更深切的体验，才能体会到交往的快乐，才能真正学会在集体中与人合作。正常交往对孩子的健康成长、良好个性的形成以及全面发展都具有促进作用。

一个人的个性总是在特定的社会环境下，通过与他人的交往逐步形成的。孩子兴趣的培养、情绪和能力的发展都离不开交往。正是有了交往，才使孩子有了更多的学习各种生活知识并获得社会经验的机会。

在与他人交往的过程当中，孩子会逐渐理解和掌握道德行为规范、社会价值观念，学会认识和评价自己和他人，渐渐地形成自己独特的意识倾向、心理特点和个性品质。

当然，家长可能会说："近朱者赤，近墨者黑。"家长的担心也不是没有道理的。现今社会上小团伙、黑社会等犯罪活动还很多，青少年问题也显得日益严重，很多家长都担心孩子会在交往中认识一些不好的孩子而染上坏毛病，一旦孩子出了问题将会影响孩子的一生。

其实，家长的过分担心是多余的，并不是说家长刻意限制孩子的正常交往，孩子就不会结交那些不良少年了。孩子和什么样的人交朋友不重要，关键是孩子是不是受到他们的影响，孩子也可以知道好的东西自己学习，坏的抛弃。孩子年幼时需要通过与朋友接触，学会分享以及体验一下适当的竞争。

有些家长，为了阻止孩子的正常交往，甚至要求孩子放学后立刻回家或者禁止孩子在假日与朋友到一起玩，这样做势必会影响孩子的发展，阻碍孩子锻炼自己的能力。孩子渴望正常交往，更需要从生活中积累经验，从而为将来进入社会奠定基础。若父母过分限制他们正常交往，结果只会引起孩子的叛逆或者让孩子对家长更加依赖。

总之，正常交往有利于孩子成长。孩子和朋友之间是可以相互学习、相互促进的。孩子的很多快乐是家长不能给予的。有很多东西，也是只有朋友才可以给孩子的。

孩子的朋友圈子是孩子们自己的一片天地。只要在家长的视线范围之内，尽管大胆地放开你的双手，因为孩子会在你的帮助之下，从一个个朋友身上汲取友爱的营养，并从错误中学会如何选择真正的朋友，信心十足地把持好自己今后的社交生活。

4. 了解爱情之本质

早恋是指未成年男女建立恋爱关系或对异性感兴趣、痴情或暗恋。一般指 18 岁以下的青少年之间发生的爱情，特别是在校的中小学生为多。

在中学阶段，发生过感情的人很多。而大多数都是暗恋、单相思。只有相互有好感，才能发展成为早恋。早恋行为是青少年在性生理发育的基础上，也是心理转化为行为的实践。严格来说，是男女双方都向对方告白，才能称之为恋爱。

如果没有过告白行为，就不能称之为恋爱，不能称之为恋爱就更不能称之为早恋。只有做了告白行为（情书，直接告白等）才能算作恋爱，算作恋爱之后，才能根据受教育阶段判断是否早恋。

早恋通常有下列 4 种特点。

（1）朦胧性

青少年对于早恋发展的结局并不明确，早恋的青少年仅仅是渴望与异性单独接触，而对未来家庭的组建、处理恋爱和学业之间关系、区别友谊和爱情等问题都缺乏明确的认识。

（2）矛盾性

早恋的青少年其内心充满了矛盾，既想和其喜欢的异性接触，又害怕被父母发现。可以说早恋的过程中愉快和痛苦是并存的。对于暗恋的早恋者而言，这种矛盾性还表现在是否向爱慕者宣示爱意（表白）的矛盾。

（3）变异性

友情是充满变化、极不稳定的，因为青少年往往欠缺处理人际关系的技巧及经验，导致双方缺乏互信；关系一般都难以持久。正是这样，常常令双方的心理造成痛苦。

（4）差异性

青少年的早恋行为有明显的差异。在行为方式上，极其隐蔽，通过书信、电话、手机或者网络等传递感情，进行秘密的私下沟通和感情交流，家长和老师难以发现，但也有青少年会公开他们的关系，在许多场合出双入对。

在程度上，大多数早恋者还主要是交流感情，或者一起玩耍；从人际关系上看，一般没有超出正常的朋友关系，但有的早恋者关系发展得很深，除了交流感情外，有时甚至发生性关系。

在年龄的喜好上，女孩通常喜欢比自己年龄大、比较成熟的男孩交往，而男孩则通常喜欢比自己年龄小的女孩交往，且在交往中体现自己的阳刚之气。一些心理学家认为年龄相当时，女孩会采取主动，但根据实际情况看，更多的是男孩采取主动。

道德塑造可以让青少年明白正确的恋爱关系，且产生健康的抗体。

5. 关注弱势群体

建立和谐社会，达到全社会的和谐发展，这是一项复杂、艰巨的系统工程，涉及我国政治、经济、文化建设等方面。

弱势群体是社会成员的一个层面，关注弱势群体，为弱势群体服务是建立人与人之间的和谐，维护社会稳定有序的需要，是构建和谐社会精神文明建设的需要。

任何社会和任何时代都有强势群体和弱势群体之分，社会弱势群体是社会上在政治、经济、文化、生理等方面处于弱势地位的一群人。社会弱势群体构成复杂，但基本可分为两大类，即"生理性弱势群体"和"社会性弱势群体"。

现阶段我国弱势群体包括城市下岗工人、城市贫困退休人员、城市其他贫困人员、贫困地区农民、进城打工人员以及存在生理缺陷的残疾人、老年人、儿童等人群。

弱势群体具有以下特点：

①数量庞大，生活窘迫；

②经济收入较低；

③政治地位衰落；

④心理及行为倾向于非理性；

⑤较强的整合性易演化为集体行为，是社会稳定的重要因素。

社会的多元发展，人们对精神生活的需求也日益趋向多元化，社会弱势群体不仅需要在物质生活上得到更多的帮助，也需要在精神生活上得到慰藉和满足，有道德的青少年会自觉关心他们。

第三节　维护和谐的社会环境

1. 保护自然环境

环境保护是指人类为解决现实或潜在的环境问题，协调人类与环境的关系，保障经济社会的可持续发展而采取的各种行动的总称。

保护环境是人类有意识地保护自然资源并使其得到合理的利用，防止自然环境受到污染和破坏；对受到污染和破坏的环境做好综合治理，以创造出适合人类生活、工作的环境，协调人与自然的关系，让人们做到与自然和谐相处的概念。

保护自然环境，就是为了防止自然环境的恶化，对山脉、绿水、蓝天、大海的保护。不能私自采矿或滥伐树木，尽量减少乱排（污水）乱放（污气）、不能过度放牧、不能过度开荒、不能过度开发自然资源、不能破坏自然界的生态平衡等。这个层面属于宏观的，主要依靠各级政府行使自己的职能、进行调控，才能够解决。保护自然，人人有责。而有道德的青少年，能够具有自觉环保的意识。

2. 维护社会秩序

社会秩序是指人们在社会活动中必须遵守的行为规则、道德规范、法律规章，是一种动态、有序、平衡的社会状态。

社会有序状态或动态平衡主要表现在以下 3 个方面。

（1）一定社会结构的相对稳定

即所有社会成员都被纳入一定社会关系的体系，每一个人都被置于一种确定的社会地位，各成员及各种社会地位之间的关系都被社会明确规定。比如，封建的社会秩序、资本主义的社会秩序、社会主义的社会秩序，就是指不同社会类型的社会结构的相对稳定。

（2）各种社会规范得以正常施行和维护

一个社会秩序能维持下去，保持相对稳定，必须借助于反映与适合其需要的社会规范及规则，以及这些规范和规则被广泛遵守和执行。这些规范和规则直接体现着它们所代表、维护的社会秩序，遵守与维护这些规范、规则，即是遵守和维护有关的社会秩序。

（3）把无序和冲突控制在一定的范围之内

一个社会不可能没有冲突和无序的现象，但把它们控制在一定的范围内，也是一种社会秩序。

比如，资本主义社会秩序包含经常性的劳资冲突，资产阶级国

家也在法律上承认并约束这种冲突，使其不越出资本主义社会秩序所定的界限。

有道德的青少年，能自觉遵守、维护社会秩序。

3. 提升道德意识

道德意识是人们在长期的道德实践中形成的道德观念、道德情感、道德意志、道德信念和道德理论体系的总称。可区分为个体道德意识和群体道德意识。两者的统一，即表现为人们共同承认和遵守的一定的道德原则和规范。道德意识受一定的经济关系和阶级利益的制约。

一般来说，人们只有将一定社会或阶级的道德要求，首先变为自己稳定的个人道德意识，才会真正形成相应的道德行为，并由此养成符合这一社会或阶级要求的道德品质。

有一项关于青少年的调查，在回答"您对随地吐痰、乱扔杂物的看法"时，19.1%的青少年认为这种现象"很普遍"，38.5%的青少年认为这种现象是"普遍的"，而回答"很少"的比例仅有17.6%。

在回答"当看到有人乱扔果皮纸屑，你会怎么做"时，近35.9%的青少年会非常主动地"自己捡起来扔进垃圾箱"，但是选择站出来"上前制止"的比例仅为12.1%，而选择"多一事不如少一事"的高达44.3%，选择"扔果皮算什么"的也占到6.8%，后两项之和高达51.1%，也就是说在面对发生在自己身边的破坏公共卫生的行为时，更多的人采取的是置之不理的态度，至多是自己不去破坏。

面对此种状况，提高学生的道德意识，可采取以下措施。

首先，要建立体现公正、公平精神道德行为规范和具有基本伦理理念的价值观。自由、平等、民主、人权是人类社会的最高价值追求，在价值多元化的今天要更加重视主流道德价值观的强化、引导和塑造。

其次，为青少年道德意识的提高和道德实践能力的发展创造良好的环境氛围。初中生道德的发展需要良好的社会环境，需要社会各个方面协调共管形成合力。如在提高学生道德实践能力方面，可组织一些集体劳动、互帮互助、爱心接力等活动，让学生深入活动中真实地感受生活。

最后，也是最重要的，就是要充分发挥青少年主体的道德内在动能。中国青少年研究会副会长陆士桢教授认为，道德实际上是个人发展出的一种内在动力，儿童时期的控制主要来自外界，如父母、家人等，而到了青少年时期，对自我的控制便成为青少年必须经历的成长过程。

因此，应通过情景教育法等多种道德教育方法启发学生的道德认知、促进其道德内化；塑造学生完善的道德人格，激发其内在活力；加强学生的道德修养，升华其道德境界。

第四章　品格塑造的项目

第一节　对己

1. 自制

自制力是一个人控制自己思想感情和举止行为的能力。人区别于动物的根本点之一，就在于人是有思想的，因而可以按照一定的目的，理智地控制自己的感情和行动。

比如，有一些淘气的孩子，在父母长辈的宠爱下，有时会说一些没大没小的话，做一些颠三倒四的事。家有客人时，他更是调皮捣蛋，无一刻安宁，这就是所谓的"人来疯"。

当然，儿童的自制力本来就较弱，发一点"人来疯"是有情可原的。但是，为什么有的青少年到了已经懂事的年龄，还不能约束自己的言行举止呢？重要原因之一就在放任自己。

比如，青少年抽烟的问题，开始不过是抽抽玩玩的，但有的人却从来不去认真想一想为什么要抽烟，而只是盲目地任凭自己抽下去。于是一根两根，一包两包，直至成为嗜好，积习难改。这不就是从放任自己开始的吗？

如果说盲目纵欲是自制力的腐蚀剂，那么，反过来自制力又是征服放任的有效武器。

在《钢铁是怎样炼成的》中，讲了保尔·柯察金戒烟的故事。

有一次，青年们就习惯能不能改掉这个问题发生了争论。有人说，习惯比人厉害，养成了就改不掉，抽烟就是一例。

保尔不同意这种看法，他认为：人应该支配习惯，而决不能让习惯支配人，不然的话，岂不要得出十分荒唐的结论吗？这时，有人挖苦保尔，说他吹牛皮，因为他明知抽烟不好但并没有戒掉。

保尔沉默了一会儿，从嘴角拿下烟卷，把它揉碎，斩钉截铁地说："我决不再抽烟了，要是一个人不能改掉坏习惯，那他就毫无价值。"从此，保尔果然不抽烟了。

每一个不想使自己变得"毫无价值"的青年，都应该像保尔一样，下决心依靠自制力跟自己的坏习惯做斗争。

自制力强的人，往往意志比较坚强。控制自己需要意志。意志和思想一样，就算有与生俱来的潜能，还需要在社会实践中逐步培养和锻炼的。要增强自己的自制力，就要从日常生活的一点一滴做起，加强磨炼。

2. 自信

自信是使人走向成功的第一要素。如果你真正建立了自信，那么你就已经迈入了成功的大门。很多时候，我们之所以失败，不是由于别人否定我们，而是自己否定了自己。我们没有被生活打败，却被自己的自卑心理打败！其实，只要你带着自信去努力，就会发现成功比你想象的更容易得到。

自信是成功的基石，自信同成功成正比。一些人屡战屡败，屡败屡战；而另外一些人却是跌倒后便一蹶不振，破罐子破摔，就是因为没有自信心。

自信心是意志坚强和精神愉快的反映，对事业的追求能使人产生愉快的情绪。失败后仍能保持自信的人不多，自卑又能获得成功的人也不多。人最宝贵的是身处逆境中的自信心。力量的最终来源，不仅是高大的身躯，强壮的体魄，更是意志和自信心。在失去自信心的生活道路上，到处是难以逾越的关隘和无法摆脱的困境。船无动力，只能听任海浪任意摆弄，人无信心必然在社会的风浪中沉没。

珍妮是个总爱低着头的小女孩，她一直觉得自己长得不够漂亮。有一天，她到饰物店去买了只绿色蝴蝶结，店主不断赞美她戴上蝴蝶结挺漂亮，珍妮虽不信，但是挺高兴，不由昂起了头，急于让大家看看，出门与人撞了一下都没在意。珍妮走进教室，迎面碰上了她的老师，"珍妮，你昂起头来真美！"老师爱抚地拍拍她的肩说。

那一天，她得到了许多人的赞美。她想一定是蝴蝶结的功劳，可往镜前一照，头上根本就没有蝴蝶结，一定是出饰物店时与人一碰弄丢了。

自信就是一种美丽。

3. 自立

在中国，父母总喜欢对孩子的事情包揽包办。例如，孩子在玩耍的时候一旦摔倒了，父母一定会赶快跑过去将孩子扶起来，如果有一次父母不在旁边，孩子起来后就会特别"委屈"地哭着找自己的父母去，想要得到父母的安慰。

而西方国家的父母就不会，他们会让孩子自己爬起来，也不允许孩子哭，他们经常教育孩子，自己摔倒自己起来，这很正常，没有什么可委屈的。

这是两种不同的教育方式，也造就了两种截然不同的孩子。其实，在孩子学说话、学走路的时候，父母就应该开始不断培养他们的独立能力了。

孩子的独立性需要培养，有责任心的父母一定会让孩子去做一些力所能及的事。比如，父母除了陪孩子玩耍外，也让他们自己玩耍；在给零花钱时，父母与孩子商量；在买衣服、旅游、选择运动项目、做事的程序上允许孩子自己选择和决定等。

当你的孩子开始说"让我自己来、单独、让我拿"时，父母就应该给孩子独立做事的机会，培养他们独立做事的能力。问题是，当孩子有能力自己做事时，父母们往往还不肯给他们自己做事的机会。

父母不让孩子独自锻炼的原因也很多，就像担心、不安、缺乏耐心、疼爱等。孩子独立性的培养的确需要很多耐心、时间，甚至物质牺牲。

很多父母不让孩子做家务是因为"他们只会惹祸，打碎东西，造成损失"。不要舍不得那些细小的损失，那和影响孩子成长比起来真的微不足道。不要因为打碎一次东西就对孩子的灵巧、独立能力以及完成任务的能力失去信心。当孩子成为独立的好帮手时，他们曾给家庭带来的损失会得到加倍补偿。

张彤的儿子李智超今年9岁了，在这九年的教育过程中，经历了许多的甜酸苦辣。

张彤和丈夫都在公司上班，双方的老人都不在身边，没有人能帮忙接送孩子上下学，平时他们上下班与孩子上下学时间差不多，所以孩子开始上学时，他们找了附近的幼儿园，让孩子放学后在校门口等一会儿，然后等他们下班后到幼儿园接孩子。

自从孩子上三年级他们就注重培养孩子独立能力了，让孩子试着自己去学校。刚开始孩子有些害怕，他们就给孩子讲独立上学的好处。同时也教育孩子如何锁门，无论任何人敲门也不要给开门，放学后直接回家，路上碰到生人与孩子说话不要理会等。并结合学校对孩子进行素质教育。通过他们与孩子谈心，交流等各方面的努力，孩子现在做得很好。

有一次，抄水表的师傅到他们家查水表，当时父母还没有下班，孩子始终没有给抄水表的师傅开门。这件事，孩子做得是对的。一方面和他们有意识地培养孩子的独立性有关，另一方面与教育孩子在独立处理一些事情上要有防范和保护意识都有很大关系。

现在邻居的奶奶、阿姨都夸奖他们的孩子真行，不仅独立，而且特别讲礼貌，总是主动打招呼。不论大人、小孩，与他们都很友好。

可见，培养孩子的独立性，最关键的是家长不要一味地替孩子做事情。

意大利著名教育家蒙台梭利指出，孩子有很大的潜力，就像植物一样能够自长，教育者只需要给他们提供环境和条件。她提出教育要引导孩子走独立的道路，一旦孩子能沿着独立的道路前进，那么，深藏在孩子内部的各种潜能就能充分发挥出来。

生活中，但凡明智的家长，都会让孩子从小就做一些力所能及的事情，注意从生活的各方面来培养孩子的独立性。例如，家长可以给孩子一个独立的、可以自由活动的房间或者角落，在这个空间里，让孩子自己设计布置摆放的格局，包括选择书桌、书柜、玩具、图书、装饰品及各种学习用品等。

允许孩子在自己的空间里按自己的意愿做感兴趣的事，比如，种几盆鲜花，装个小彩灯等。只要孩子觉得自己在这个小天地里可

以当家做主，他就会觉得自己是自己的小主人。

要培养孩子的独立性，家长就要让孩子从小学会照顾自己，使其明白自己的事情要自己做的道理。试着让孩子自己吃饭、穿衣，孩子刚开始的时候可能吃饭会撒得满桌都是，穿衣不是穿反，就是扣子扣错，但是，孩子也能在自己独立做事情的过程中，体验到成功的乐趣。

父母不用刻意可怜年幼的孩子，也不要对孩子过分求全责备。父母应该放手让孩子做些力所能及的事情。凡是孩子自己能做的就交给孩子自己做，不要担心结果，做得不好，家长再去指正也不晚。孩子只要愿意做，我们就鼓励支持他。时间长了，孩子就能养成独立的习惯。你会发现，你的孩子也可以人见人爱。那么孩子到了青少年之际，更应该培养其独立性，现在是到了渐渐放手的时候了。

4. 自爱

什么是自爱？

自爱就是向自己敞开胸怀，使自己能感受周围和自身的一切；自爱就是愿意接受自己所做的一切，不加任何评论或批判；自爱就是给自己以足够的重视与关注，以使自己能常常和自己接触；自爱就是不要脱离世界其他部分去观察自己，体验自己，而要把自己作为整个世界的一部分来理解；自爱就是给自己一个生活方向："我要使自己成为一个有爱心的人。"自爱就是直面自己，与自己进行沟通，只有这样才能得到幸福。通过倾听自己，感受自己，追踪自己，放弃对自己的控制，从而表达自己，表现自己，有助于自己更好地了解自己，更多地认识自己。

你是否自爱，取决于你的感觉和判断如何。你千万不要孤立自己，去寻找与别人的共同之处，你知道你需要通过他们来认识自己以往的人生经历。

当你热爱自己时，你就是强者；当你不爱自己时，你就是个弱者。你表现自己越少，你认识自己也就越少。如果你愿意尊重自己，别人也会尊重你。因为一个自私自利的人认为，这个世界只有他一个人。

5. 自洁

洁就是洁白、干净的意思。自洁就是保持自己的清白。形容在污浊的环境中，保持自身清白，不同流合污。也指顾惜尊重自己，不与他人纠缠。

战国时期，楚国三闾大夫屈原，因不与同朝贪官同流合污，被人陷害遭到流放。他常常一边走，一边吟唱着楚国的诗歌，心中牵挂着国家大事。

一天，屈原来到湘江边。一个渔夫见到他后惊讶地问："你不就是屈大夫吗？为何落到这般地步？"

屈原叹息道："整个世道都像这泛滥的江水一样浑浊，而我却像山泉一样清澈见底。"

渔夫故意说："世道浑浊，你为什么不搅动泥沙，推波助澜？何苦洁身自好，遭此下场。"

屈原说："我听说一个人洗头后戴帽，先要弹去帽上的灰尘；洗澡后穿衣，先要抖直衣服。我怎么能使自己洁净的身躯被脏物污染呢。"

渔夫听这番话后，对屈原正直和高尚的品格十分敬佩，于是唱着歌，划着船离开了。

6. 自尊

现实生活中，有很多家长常常在公共场合呵斥自己的孩子，家长以为这样做可以帮助孩子改正错误，促进孩子进步。结果正好相反，孩子往往会产生很强烈的抵触情绪，甚至是逆反心理。虽然孩子表面上没有反驳，但内心却非常反感。因为你的行为让他觉得丢了面子，伤害了他的自尊心。

孩子的行为固然不对，但家长的做法同样不理智。如果教育孩子时不顾及孩子的感受，就不会取得积极的效果。就像你不喜欢孩子在公共场合和你顶撞一样，孩子也是有自尊的，孩子的自尊也需要父母维护。

孩子在公共场合希望得到大家的尊重，所以就有表现自己的欲望，由于孩子还处在学习阶段，很多能力还没有达到应有的程度，偶尔出现一些错误或者做出一些让大人觉得很没面子的事也很正常，但如果家长不顾一切当众批评呵斥孩子，对孩子来说没有一点实际意义，只能是伤害孩子的自尊心，让孩子当众出丑，对孩子的创伤是很难弥补的。

下面我们看看小强的事例：

小强从小就对足球非常感兴趣，而且对踢球也很有天赋，是班级球队的核心人物。但小强的学习成绩很一般，等到了中学以后，母亲怕踢球影响学习，就不允许孩子再到球场上去了。

小强也非常听母亲的话，从此再也不到球场上去叱咤风云了。看到同伴们在球场上的开心快乐，小强当然是羡慕不已，心里也会隐隐的难受，但为了不让母亲生气，小强控制住了自己。

一年一度的校足球比赛到了，班里的同学都积极准备。大家都希望小强能出来为班级争光，足球队需要小强这样的组织者，在同学们的盛情邀请之下，小强就答应了参加这次比赛。虽然就是几场比赛，但小强还是不敢给妈妈明讲，怕妈妈知道了不同意。

这天也很巧，小强的班级正在进行比赛，也是最后一场决赛了。小强正在球场上拼抢的时候，妈妈路过看到他又在踢球，就火冒三丈，跑到球场上把他拉了出来。

同学们都不知道是怎么回事，就都跑过来看，母亲不管这些，就劈头盖脸地呵斥小强："你怎么这么不听话呢？你是怎么和我说的，不把成绩赶上去就不踢球了，你都忘干净了？你看你的成绩都成什么样子了，自己就不知道丢人现眼！"

"我只是……"小强想解释但被母亲打断了。

"你还有理了，我看你脸皮怎么这么厚呢，人家踢球你问问人家的成绩，有几个像你这样，成绩不好还一心只想着玩，我说成绩怎么上不去呢，就是因为你还在踢球，看我……"

小强不想让那么多同学看到自己被母亲呵斥，没等母亲把话说完就跑开了。从此，小强总觉得在同学面前抬不起头来，一直闷闷不乐，再也没有踢过一次球。

案例中的小强本来是个很懂事的孩子，知道母亲不让自己踢球也是为了自己的学习着想，孩子理解母亲的心思。但偶尔一次参加比赛，也被母亲当众呵斥，你说小强会怎样想呢？

像他这样的年龄已经知道什么是面子了，母亲当着那么多同学的面呵斥小强，小强当然会觉得很没有面子。这对小强来说，多伤自尊啊！

家长批评孩子要想取得效果，就要在公共场合维护孩子的自尊。如果家长觉得孩子没有自尊心，那家长这样的行为就没有存在的意义了。

因为孩子的心灵很脆弱，若把他看成不懂事的孩子任意去批评、指责，刺伤他的自尊心，那孩子就容易产生自卑、退缩、紧张，甚至憎恨、敌对情绪。因此，家长应该多给孩子留面子，不要当着别人训斥、指责孩子，使他们感到难堪。让孩子失去自尊很容易，但重建自尊却是一个缓慢而困难的过程。

大人要自尊，孩子也一样。家长在公共场合呵斥孩子是对孩子最严重的心理伤害。在公共场合呵斥孩子是最不理智的行为，只能伤害孩子的尊严。家长任何时候都应该心平气和地教导孩子，不要因为一时冲动而害了孩子的一生。

如果孩子在公共场合表现不好，家长应该私下给孩子讲道理。这样，既不会让大家尴尬，也不会伤害孩子的自尊心。

7. 自谦

有这样一个真实的故事。

一个年轻人刚大学毕业，对自己的前途充满了信心，因为他在学校一直都表现得很出色，而且多次获得征文比赛的大奖。他一心想到贸易公司工作，并写了许多履历表前去应征。

其中有一家公司写了一封信给他："虽然你自认文采很好，但是我们看了你写的简历，直言不讳地说，你的文章写得很差，甚至还有许多语法上的错误。"

受到打击的年轻人心底很不服气，"我怎么可能在履历表上出错误呢？"但是，当他回头仔细查看简历时，发现确实有些他之前没有察觉出来的错误，而这些错误的拼写和语法自己一直都这样用，却从来都不知道它们是错的。

于是他写了一封感谢信给这个公司，小卡片上是这样写的："谢谢贵公司给我指出我经常犯的错误。我会更加细心的。"几天后，他再次收到这家公司的信函，通知他可以上班了。

不是才能，不是关系，而是态度让这个年轻人实现了自己的梦想，谦虚的态度让他拥有了自己梦寐以求的职业。

列夫·托尔斯泰说："一个人就好像是一个分数，他的实际才能好比分子，而他对自己的估价好比分母，分母越大，则分数的值越小。"

人人都喜欢谦虚的人，而不会与自以为是的人为伍。即使是在提倡"毛遂自荐"精神的今天，谦虚依然不失为一种伟大的美德。持有谦虚精神的人如同持有一张通行证，可以畅通无阻地行走社会。

谦虚的人才能学到更多东西，承认人外有人，天外有天，才能认识到学无止境的含义，才能放开眼界，不断地吸收新的知识。

巴甫洛夫说过："无论在什么时候，永远不要以为自己已经知道了一切。不管人们把你们评价得多么高，但你们永远要有勇气对自己说：我是个毫无所知的人。"

在现代家庭中，由于受到特殊的家庭环境的影响，独生子女容易产生骄傲自大的情绪。谦虚使人进步，骄傲使人落后。骄傲自大会对孩子的发展产生消极影响。

　　教育家卡尔·威特在教育自己的儿子时，就非常注意用表扬的方式，为的就是不让小威特骄傲自大。

　　对于儿子的善行，老威特会加以表扬，但为了防止他自满，不会过分表扬。在他向小威特传授知识时，他也注意不让儿子自满，比如，他教给小威特许多知识，但不告诉他这是物理学上的知识，那是化学上的知识等，为的是防止小威特变得狂妄自大。

在小威特长大一些以后，他父亲就这样循循善诱他："无论怎样聪明，怎样通晓事理，怎样有知识的人，与无所不知、无所不能的上帝相比，只不过是九牛一毛，沧海一粟。只有粟粒大的一点知识就骄傲的人，实际上是很可怜的。""不要把人们的表扬放在心上，喜欢听表扬的人必然得忍受别人的中伤。被人中伤而悲观的人固然愚蠢，稍受表扬就忘乎所以的人更是愚蠢的。"

威特就是用这种方法来教育小威特的，尽管这样做要花很大的工夫。

当今的父母大多喜欢在众人面前炫耀孩子在这方面或那方面的"与众不同"，这样就很容易使孩子滋生骄傲情绪。事实上，一些潜质很好的孩子之所以没能如愿地在未来成为栋梁，正是源于孩子的骄傲自满、狂妄自大。

骄傲自大的孩子往往不屑于与别人交往，心胸变得很狭窄。他们虽能取得一定的成绩，但往往只满足于眼前取得的成绩，而且他们看不到别人的成绩。只有谦虚的孩子才有机会看清自己，看清别人，从而博采众家之长。

因此，一个人不管自己有多丰富的知识，取得多大的成绩，推而广之，或是有了何等显赫的地位，都要谦虚谨慎，不能自视过高。应心胸宽广，博采众长，不断地丰富自己的知识，增强自己的本领，进而创出更大的业绩。如能这样，则于己、于人、于社会都有益处。

教会孩子要谦虚，不骄不躁，我们给父母们的建议是：

（1）不要过度夸奖孩子

家长，社会对孩子过分的夸奖与肯定，很容易使孩子滋生骄傲情绪，认为自己是最优秀的。一旦这种骄傲情绪产生，再纠正就困难了。

（2）常给孩子讲一些优秀人物的故事

尤其是同时代，同年龄的其他孩子的优秀事迹对孩子更具有激励作用。让他们知道：天外有天，人外有人。很多事物的优越性都是相对的，我们所拥有的，永远都微不足道，所以我们没有理由不谦虚一点。

（3）父母要用自身的言行影响孩子

切记不可有骄傲自满的表现，因为孩子极易受父母的感染。父母要为孩子创造一个有利于培养孩子谦虚品质的大环境，并同时和老师配合。

在教育孩子谦虚的同时肯定孩子的长处，让孩子认识到只有谦虚才能使人不断进步。

8. 勇敢

那一天风和日丽，在黄土高原一个偏僻的小山村里突然开进一辆漂亮的轿车。这对成年累月也听不见机器声的小山村来说，可是一件新鲜事。村里的人几乎都走出家门，围在轿车的周围，想看看究竟会发生什么事情。

在从车上走下的几个人中，有一个留着短发、身穿灰夹克的中年男子问大家："你们想不想去拍电影？谁想拍电影就站出来报个名。"

虽然每个村民都看过电影，但对怎么拍电影却知之甚少，到哪儿去拍？怎么拍？好多村民都向周围的人询问或自言自语。

那个中年男子一连问了几遍，村民们就是没有人搭腔。这时，一个十几岁的小女孩向前迈出一步，站了出来："我想去拍。"小女孩长得并不很漂亮，单眼皮儿，小眼睛，脸蛋红扑扑的，透出一股山里孩子特有的倔强和淳朴。

"你会唱歌吗？"中年男子问。

"会！"女孩子大方地回答。

"那你现在就唱一个给我们听听。"

"唱就唱。"女孩儿毫无惧色，一边唱还一边跳，"我们的祖国是花园，花园的花朵真鲜艳……"

村民们大笑，因为她的歌唱得实在不怎么好听，不但跑了调，而且唱到一半时还忘了词儿。

没想到中年男子却用手一指，斩钉截铁地说："好，就是你了！"

这个中年男子，就是大名鼎鼎的电影导演张艺谋，而那个勇敢地向前迈出一步的女孩子，就是在电影《一个都不能少》

中出任女主角的魏敏芝。

虽然魏敏芝只向前迈出了一步，却改变了自己的一生。她的名字很快就传遍大江南北。

勇，即勇敢，是一种无所畏惧的精神。在《礼记·中庸》里，勇和仁、智被称为"天下之达德也"，即儒家认为最有普遍意义的三种德性。

勇气就是敢作敢为，就是将自信表现在行动中的一种胆识；勇气就是面临挑战，勇敢行动，不被任何东西打垮的一种气概；勇气就是敢于同坏人坏事做斗争，在事关公众利益、他人安危的情况下，勇于牺牲个人。

做大事需要勇气，布鲁诺为真理献身是一种勇气，贝多芬挑战艰苦的命运也是一种勇气；戚继光上阵杀敌是一种勇气，董存瑞舍身忘死也是一种勇气。办小事同样需要勇气，面对歹徒挺身而出是一种勇气，面对熊熊烈火，冲进火海救人也是一种勇气。

英国思想家培根说过这样一段话："如果问人生最重要的才能是什么，那么回答是：第一，无所畏惧；第二，无所畏惧；第三，还是无所畏惧。""无所畏惧"首先是一种勇气，它使我们敢于尝试、敢于迈出前进的第一步；"无所畏惧"更意味着一种坚强，它使我们在面对压力和困境的时候不退缩。

在很多伟人身上我们不难发现，正是勇气铸就了他们的辉煌人生。机遇总是偏爱有勇气的人，幸运总是关照有勇气的人。看来，一个成功者和失败者的区别，往往不在于视野的宽窄、能力的大小、经验的多少，而在于能不能在关键时刻有勇气向前迈出一步。正如卢斯所说："勇气是一架梯子，其他美德全靠它爬上去。"

第二节　对人

1. 诚信

我们每天都在讲诚信，就是因为诚信是我们为人处事的根本，诚信是人类最宝贵的一种品德，这种品德并不是生来就有的。

孩子能有诚实守信的习惯与良好的思想品德，往往是在长期的家庭教育及父母的影响下通过生活实践慢慢形成的，这就要求我们做家长的在孩子面前必须诚实守信，即使在生活中一些不起眼的小事上，也要成为孩子诚实守信的榜样。

下面我们看看思想家曾子是如何教育自己的孩子的：

孔子的弟子中有一个叫曾子的人，有一天他的妻子出远门去买东西，他的孩子哭闹着非常想要跟着妈妈一块去，可是由于路途太远，加上当时都是徒步，因此不方便带孩子一起去。

于是，他的妻子就哄孩子说："你在家好好等妈妈回来，让爸爸给你杀猪吃。"曾子的妻子回到家后，真的听到了杀猪的声音，跑过去就和曾子说："我这是骗孩子的话，你怎么也能当真了呢？"

曾子就对妻子说："对孩子说的话更应该说到就要做到，不然，这就是在教育孩子学着父母去撒谎，如果大人说话都可以不算数，那以后就再没有办法教育孩子了。"

这只是古代流传下来的关于教育孩子的一个小故事，但这其中却诠释着非常深刻的道理，那就是做人要讲诚信，教育孩子更要讲诚信，给孩子说过的话就是对孩子的承诺，就应该竭尽全力做到。

如果父母言而无信，就会失信于孩子，让孩子从此不再信任父母。其实，家长往往都会有这样的想法：小孩子，骗一下也没什么关系，反正他们很快就会忘记的。可是孩子却有着他们自己的想法和理解，孩子同样也有自尊心，只不过往往被家长忽视罢了。

童年时期是孩子学习模仿最快的时期，大人的每一次欺骗或者谎言，都会被孩子深深地记在心里，时间长了，他们就会觉得，欺骗没什么大不了的，这就造成了孩子以后也会欺骗别人。

家长们不仅要为孩子的生活和成长提供必要的物质保障，同时，也预示着家长在孩子心目中的地位以及权威。在孩子的眼里，父母的态度就是最终的裁决，家长的这种权威是从孩子出生的那一刻就随之产生的，如果家长维护得当，这种权威将陪伴孩子的一生，就算有一天家长都老去了，他们的话也是孩子为人处事的标准。

但家长经常失信于孩子，总是不能兑现自己的诺言，那家长的这种权威将在不知不觉中流失，家长在孩子心目中的地位就会随之不断下降。

　　一个孩子这样和自己的老师诉苦：我的爸爸妈妈说话从来都不算数。有一次，我爸爸对我说，只要我考进全班前五名，他就陪我去游乐园玩。可当我拿着第五名的成绩单给爸爸看时，他却说他很忙没时间，等下次吧。

　　我妈妈也是一样的，她说只要我写完作业了就可以到楼下找小伙伴玩耍，可是在我写完作业后她又让我弹一个小时的钢琴。每到这个时候，我都会想起电影里的小麦兜，麦兜的妈妈为了让他吃药，说只要吃了药麦兜的病就会好了，病好了妈妈就带他去马尔代夫。

　　结果麦兜按照妈妈的意思吃了药，病的确也好了，而妈妈却再也不提去马尔代夫游玩的事了。麦兜一再追问，妈妈就和他说，等妈妈发了财再说吧。我现在很理解麦兜，觉得他和我都非常可怜。以后再听到爸爸妈妈给我承诺什么，我都没有心情听了，明知道他们在骗我还一定要我相信，做孩子也不容易啊！

讲故事的小家伙挺幽默的，看得出孩子很懂事，他的父母很幸运，但你幸运还是什么那就不好说了，一旦孩子和你较上劲了，觉得你一直在欺骗他，那你们的交流估计会很困难，虽然解决这样的问题有点困难但防止这样的情况的发生却很简单，就是不要欺骗你的孩子，不要失信于你的孩子。

教育孩子不仅仅只有许下承诺这一种方法，转换一下思维方式，站在孩子的立场上去考虑问题，估计你会有新的发现，你会觉得豁然开朗。

一般来说，对孩子说话不算数的父母，很少用同样的态度对待自己周围的朋友或同事，因为他们都知道做人要诚实守信的道理。但是在对待孩子的时候，他们就觉得承诺兑不兑现都没有多大的关系。

所以，家长常常在说孩子哭了快去"哄孩子"，"哄孩子"成了中国父母的共识。在《现代汉语词典》中，"哄"字的第一个定义即为"哄骗：你这是哄我，我不信。"第二个解释是"哄逗"。看来老祖先说的哄孩子是逗孩子开心的意思，但不知被谁误解成"骗孩子"而且还流传至今。

父母对孩子言而无信，最根本的原因就是父母没有摆正自己对待孩子的态度，没有平等地看待孩子，没有把孩子当成一个独立的个体来看待。

所以，孩子就会觉得不公平，在这种不公平的家庭环境里长大的孩子，从小就会觉得和父母之间有一定的距离，加上父母经常不守信用，孩子甚至会不尊重自己的父母。

你失信于孩子就是对孩子不尊重的表现，首先孩子就会觉得你说话不算数，那我说的话也不用当真，我说要考好，可我也得有那能力，还是玩会儿吧，反正父母也不知道。多么合理的理由，这不就是父母教会孩子的吗？

2. 同理心

同理心是一个心理学概念，它指一个人对于他人感觉、情绪和愿望的关注程度和敏感程度，用来评价一个人对于他人立场的感受并站在他人的角度思考和处理问题的能力。

孔子曰："己所不欲，勿施于人。"俗话也说："人同此心，心同此理。"可见社会对于同理心早有认识和关注。

除了学习能力、创新能力、分析能力之外，同理心对于一个学生的未来的发展将起到至关重要的作用。专家们认为，同理心是人们产生同情心、怜悯的基础，它有助于建立合作互助的人际关系，有助于培养利他和服务社会的道德品质。

同理心是所有人际社会交往与人的品行的关键。没有同理心，社会就不会有聚合力，人们之间也没有相互信任。在生活中，只要设身处地、将心比心、尽量了解并重视他人的想法，就更加容易找到解决方案。尤其是双方在发生冲突或误解时，当事人如果能把自己放在对方的处境中想一想，也许就可以了解到对方的立场和初衷，进而求同存异、消除误解了。

3. 接纳

社会支持是指被支持者所觉察到的来自重要他人或其他群体的尊重、关爱和帮助。青少年时期是个体的生理、心理和社会性发生急剧变化的特殊时期，是青少年从幼稚走向成熟、从家庭步入更广阔社会的重要转折期，给青少年的社会关系网络带来了新的变化。

青少年生活中关系密切、接触频繁的除父母等亲人以外，又增加了朋友和老师。他们从这些人那里获得的社会支持具有可靠同盟、价值增进、工具性帮助、陪伴支持、情感支持、亲密感和自我揭露等功能，除此之外，还应该有冲突、惩罚、满意度等。不同来源的社会支持所提供的支持功能各不相同：母亲侧重于评价支持和情感支持，同伴侧重于陪伴支持和亲密感，父亲、老师侧重于信息支持。而同伴接纳水平是个体在同伴群体中社交地位的反映。

4. 宽容

何谓"宽容"？在《现代汉语词典》中的意思是："宽大有气量，不计较或不追究"。宽容是一种高尚的品质，是一种伟岸的气度，是一种伟大的精神。

清代的林则徐说过："海纳百川，有容乃大。"海能容能纳，才成其为波澜壮阔的大海；百川归海，皆因海洋胸怀博大。领导者要成就一番大事业，就得有宽广博大的胸怀。

春秋战国时期，有一次楚庄王打了一次大胜仗，晚上摆庆功宴犒赏三军，喝酒喝到半醉半醒的时候，楚庄王便叫自己的爱妃为众将官敬酒，以助气氛。当这位爱妃下去敬酒的时候刚好刮起了一阵大风，大风把屋里面的灯全都吹熄了。

就在这时，楚庄王手下的一位大将乘酒兴摸了这位爱妃一下，这位爱妃反应很快，当时就把这个大将头上的头缨拿来了。在重新点起灯之前这位爱妃走到楚庄王面前说："大王，刚才我下去敬酒的时候有人调戏我，我已把这个人的头缨拿下，请大王替我做主。"

楚庄王听了没在意，还故意大声对大家说："今天晚上大家高兴，不要讲礼仪了，把头盔全部摘下来喝酒，尽情喝个痛快。"当重新点上灯以后，由于大家的头盔都摘了下来，也就注意不到头盔上的头缨，最后此事也不了了之。

过一段时间，楚国同齐国打起了仗，楚国兵败，正在楚庄王被齐军包围的危急时刻，突然有一位青年将军拼死杀开一条血路救了楚庄王，楚庄王当时感激地问这位青年将军："你是谁？为什么这么勇敢？"

这位青年将军说："上次调戏大王爱妃的就是我，当时大王不杀我，我很感激，为报答大王，我今天理当如此。"

"水至清则无鱼，人至察则无徒。举大德，赦小过。"是东方朔在《客难》里表达的思想。大到军国大事，小到家庭关系都需要包容。宽容是高尚素质的积淀，宽容是文明的标志和成因。从人类历史上看，包容总是和繁荣昌盛、进步发展联系在一起的，而封闭、偏执、小肚小肠之人总是和灾难、不幸为伍。

如何培养孩子的宽容的品格呢？

(1) 引导孩子"换位"思考

换位思考，就是指当双方产生矛盾时，能够站在对方的角度上思考问题，思考对方何以会如此行事、如此说话。

许多孩子只习惯从自己的角度思考问题，而不习惯站在别人的角度上思考问题。要消除这种现象，办法就是"心理换位"。父母要经常引导孩子想想"如果我是他，我会怎么办？"让孩子设身处地地为别人着想。

（2）教育孩子宽以待人

《论语》有云："宽则得众。"金无足赤，人无完人，每个人都有优点，也有缺点。和同学相交，和朋友相处，完全没有必要求全责备。父母要经常告诉孩子那些能建功立业、取得成就的，绝非是胸襟狭窄、小肚鸡肠之人，而是襟怀坦荡、豁达大度之人。

对于朋友的缺点和不足，对于同学心情不好时所说的话和所做的事，我们没有必要斤斤计较，事事都摆个公平合理。多给人一些宽容和理解，就多一个朋友，多一条出路。

（3）宽容别人也就是宽容自己

经常有人用"宰相肚里能撑船"来形容人的大度量。不苛求别人也就是不苛求自己。父母要特别注意引导孩子宽容三种人：比自己强的同伴、比自己"差"的同伴、自己的竞争对手。让孩子主动向比自己强的同伴学习，帮助比自己"差"的同伴，学会与自己的竞争对手合作。

世界上凡成大事者都有一颗宽容的心，因为宽容是一种生存哲学，是一种较高的思想境界。如果一个人能胸怀大志，高瞻远瞩地思考问题，那么在生活中遇到一些不如意的事情时，就能坦然面对。相反，鼠目寸光、斤斤计较，片言只语也要耿耿于怀的人，没有一个是成就大事业的人，没有一个是有出息的人。

5. 认可

如今，不少父母即使看到自己的孩子很优秀，也懒得表扬一句，他们怕孩子受到夸奖后会骄傲。其实，孩子也未必那样不禁夸，更多的孩子往往是得到夸奖后更加努力、更加优秀。如果家长学会通过鼓励来引导教育孩子，一定会有意想不到的收获。

记得一位教育家曾说："好孩子是夸出来的"。当孩子有点滴进步时，你一定不要忘记夸奖他，这样会增强孩子的自信心，让孩子获得成就感。

孩子的健康成长需要家长的赞美和肯定。家长适当地表扬孩子可以帮助孩子达到成功的顶峰。家长的肯定可以增强孩子的信心，使孩子不断取得进步，还可以增进家长与孩子的感情交流。因此，家长应该赞赏孩子哪怕是一点点的进步。

对于正在成长学习中的孩子，赞美和肯定是非常必要的。对孩子来说，没有什么比听到父母的赞美更让他开心的了。一个孩子可能会因为父母的赞美、肯定的一句话而受益终生。

下面我们看看川端康成的成长故事：

日本著名作家川端康成小时候对文学并不是多热心，小说都很少去读，更谈不上其他的文学作品了。直到27岁那年，为生活所迫，他才产生写作的想法。

之前的川端康成，与文学完全没有任何联系。他能对文学产生兴趣，就是因为他的父亲看了他的信之后，随便说了句"这孩子写东西很好"。

川端康成在一部书中写道："这句话成了我的支柱。"它鼓励了处于逆境的川端康成，使他的才能得以发挥，并成为广受人们欢迎的作家。因此，可以说正是这一句肯定和赞赏的话改变了他的一生。

还有一位曾在某电视台任少年部部长的江上藤先生，他自小就对自己相貌没有信心，觉得自己很丑陋。据说是从乡下回来的爷爷，把他从自卑感中解救出来的。

有一次，爷爷当着许多人的面说："这孩子招人喜欢，非常可爱。"他听了心里非常高兴，后来就不断努力留给别人好的印象。如果没有他祖父那句话，江上藤可能永远摆脱不了对自己外貌的自卑感，无论他多么的有才能，也不可能成为著名的评论家。

从川端康成和江上藤的例子可以看出，一句不经意的赞美和肯定常常会在孩子幼小的心灵中留下深刻的印象，并很有可能影响孩子的一生。因此，为了使孩子有学习的积极性，与其否定孩子，不如不断赞美和肯定孩子。就算孩子最后没有成功，那他在奋斗的过程中也会学到很多知识和技能。

其实，每个人在年幼时第一需要是食物，第二需要就是赞美。随着年龄的不断增长，人的需要逐渐丰富，但有一样需求是伴随一生的，即对赞美和肯定的渴求。对赞美的需求源于人的本性，胜过灵丹妙药，可以治愈人们心理上的创伤和生理上的缺陷。

凯苏拉曾帮助一些聋哑儿童学会开口说话，改变了很多人的命运。有人问她："你是靠什么帮助他们改变命运？"凯苏拉说："我使用的这种方法有一种魔力。我用这种方法能帮助聋哑人讲出话来，帮助灰心失望者露出笑容，帮助婚恋上受到挫折和不幸的人获得幸福……这种力量是我们所知道的最有效的，这就是诚恳的鼓励和赞扬的力量。"

俗话说："数子十过不如奖其一功。"一个经常批评孩子的家长肯定不是一个称职的家长。许多父母还没有意识到这一点，遇到心情不好的时候常常随口就骂："你怎么这么蠢""你脑瓜进水了"之类的话，这种消极的、蔑视的口气，很容易伤害孩子幼小的心灵。

对孩子来说，父母是孩子心中的权威，简单的一句话，就会使孩子产生自己的人格全部被否定了的心情。一受到责备，孩子就会有怎么努力也都会白费了的心情，甚至对自己其他方面的能力也完全失去信心。使孩子丧失自信心，感到沮丧。孩子还怎么会有奋斗的动力呢？

总之，好孩子是夸出来的。在日常生活中，家长可以利用身边的小事，例如孩子孝敬老人、礼貌让人、助人为乐、学习进步、爱劳动、讲卫生等，都可以成为你赞美的理由，或许就是因为你这不经意间的一句表示肯定的话，能让孩子像那些名人一样奋发图强，创造出他人生的辉煌。

6. 肯定

在现实生活中，许多父母满眼都是孩子的缺点，而很少看到孩子的优点，甚至不去看孩子的优点。这种做法是很不合理的，因为世上没有一无是处的孩子。

即便是所谓的"恶人"，其身上也能找出一些长处来。对于天真可爱的孩子们来说，更不会缺少优点了。而现实情况却是，家长对孩子的优点一条都找不出来，却能列举孩子的诸多缺点。试想，这样的家长能教育好自己的孩子吗？因此，家长一定要注意自己的教育方式。

都说"知子莫若父"，家长理应是最了解孩子的人。为何旁人都能说出不少孩子的优点，可在家长眼里却一无是处呢？问题的根源不在孩子，而是家长缺乏对孩子的欣赏，他们眼中盯着的只有学习成绩。连家长都觉得孩子没有优点，孩子又怎会发现自己的优点？他们会觉得自己无能、没用。久而久之，孩子就会逐渐变得自卑而敏感，更可能丧失奋斗的动力，或怨天尤人、自暴自弃。反正自己没优点，还这么努力干吗？

天下没有无缺点的孩子，孩子经常弄坏东西，经常忘记父母交代的任务，没有时间观念，不讲卫生……正是因为孩子经常会犯错才更加需要家长的引导、关怀和爱护。

所以，做家长的朋友们，不要总想着自己的孩子一无是处，不要满脑子都是孩子的缺点，孩子身上更多的是需要你细心才能发现的美，如果你对孩子足够用心，你就会发现，原来孩子的确很可爱！

美国著名教育家卡耐基曾给他的孩子写了这样一段话：

儿子，作为父亲，我太过蛮横，太过挑剔了。当你自己穿衣服准备上学时，我就开始责骂你，只是因为你没有洗脸，只是用湿毛巾随便擦了一下。因为看到你的鞋子脏兮兮的，我又斥责你。当你随手乱丢垃圾，弄得满屋子乱糟糟的时候，我又会生气的呵斥你。我们吃早饭时，当你不小心把东西洒在餐桌上，当你吃东西时表现得不够文雅，当你不留意而把手臂放到了桌子上，当你的面包涂的黄油太厚……我又不停地挑你的毛病。当我去赶火车出远门时，你会挥动你的小手向我告别，而我却会皱起眉头向你喊道："挺起胸膛，两肩向后张！"当我回来时，发现你跪在地上玩耍时，裤子上破了好几个洞。我就会生气地押解你和我一起回家，让你在朋友面前丢脸。裤子是很贵的，如果你自己花钱去买的话，你以后就会小心了。

儿子，你想想，这竟然是做父亲的所说的话，你还能不能记得，过后当我在书房看资料时，你走进来的样子看着很胆怯，眼中还带着委屈。我抬头看到你，对你的打扰，我会觉得很不耐烦，而你在门口犹豫着。"你想要干什么？"我大声的责问你。你当时什么也没说，只是很快地向我跑来，抱着我的脖子就亲了我一下，而你的胳膊，带着藏在你心里的热情与爱，紧紧地拥抱着我，而你的这种热情，即使没有受到特别的注意，也不会枯萎。然后你就走开了，很快速地跑上楼去了。儿子，就在你走开之后不久，我手中的文件就掉了下去，全身浸在一种非常难过的恐慌中，我怎么会被这种挑你毛病和训斥你的习惯弄成这样子呢？

当你还是一个孩子的时候，我对你的期望就太高了。我是以我这个年龄的标准来衡量你一个小孩子的。当你疲倦地蜷缩在你的小房子里，我看出你还的确只是一个婴儿，或者是一个大一点的婴儿，就好像昨天还在母亲的怀抱里。我对你的要求太过分了，的确是这样！

在我们身边，像卡耐基一样满眼都是孩子的缺点的父母有很多，遗憾的是，他们不能像卡耐基一样认识到自己教育子女时的错误。可以说，卡耐基的孩子是不幸的，因为他的父亲会经常挑孩子的毛病进行批评教育，同时孩子又是幸运的，因为孩子的父亲知道反思自己，能认识到自己教育孩子的不足，并在以后教育孩子的过程中加以改正。

其实，过分挑剔孩子是大多数家长经常犯的错误。这些家长时时刻刻都在盯着孩子，满眼都是孩子的缺点，当孩子有些事情做得不好或不对时，家长就急切地去纠正，直到他们觉得孩子完全无误后才肯罢休。家长教育孩子所采用的这种训练方法就是想让孩子的行为和做事达到完美无缺。这也是家长追求完美的一种体现。

我们都知道，完美的事物是不存在的，完美的人更是幻想，人犯错误是不可避免的。如果家长们能够多关心一下孩子表现优秀的一面，并不断地给予鼓励和支持，那么孩子犯错的次数就会越来越少。

相反，如果家长老是找孩子的错误，不仅仅让孩子觉得自己就是不如别人而产生自卑感，还会使孩子对犯错产生恐惧感。这种恐惧心理会让孩子养成胆小怕事的性格。恐惧会影响孩子各个方面能力的提高，从此，孩子可能是一个和成功无缘的人，更体会不到成功的快乐。

古人曾说："人非圣贤，孰能无过，过而能改，善莫大焉。"家长教育孩子也需要放宽心胸，接受孩子身上的不足，换个角度看待孩子。这样，你就会发现，孩子原来也是很优秀的，只是被你耽误太久。

7. 鼓励

鼓励的本意是激发和勉励，它是青少年学生青春发育阶段的特殊需要。中学阶段，是人一生中身心发展最迅速、最旺盛、最关键的时期。由于身体各器官迅速趋于成熟，他们的自我意识增强，思维逐渐深刻，喜欢独立思考，乐于怀疑和争论，对什么事情都想要亲自动手试一试。

青少年学生好问好争好做的性格，实际上是很可贵的，只有保持和完善这种性格，他们才能不懈地追求新知，将来才能成为"四化"建设的有用之材。

因此对青少年学生乐于争论和勤于动手的性格应该鼓励而不应该压制。世界上的事情是复杂的，许多事情变化无穷，难以预料。

青少年涉世浅，知识欠缺，常常会闹出一些笑话，甚至造成失误，这是正常现象。

像幼儿学走路一样，摔跤是常有的事。只要是思维正常的父母，没有因幼儿摔跤而阻止其学步的。但是有不少家长却因其子女做错了一些事而横加指责，甚至大打出手的。这样也许会给子女造成心理创伤，离乡背井远走他乡，以致结帮入伙，沦为盗贼，或者伤其筋骨造成终生残废，或者二者兼而有之。而家长自己则会遗恨终生。

因此，对于青少年学生乐于争论、勤于动手的性格和正常的失误，如果动机是积极的、正向的，应该鼓励而不应该压制甚至惩戒。

8. 感恩

我们知道，父母除了照顾孩子吃穿玩乐，还要想尽办法把他培养成才。按道理说，孩子应该最能体会父母的艰辛，也应该最能体会父母真真切切的关爱，但现实生活中的孩子很少能这样。因此，怎样让孩子懂得感恩是家庭教育中非常重要也非常必要的一部分。没有谁希望自己抚养出的是一个不孝的、不懂感恩的子女。

当然，只对父母感恩是远远不够的，对社会的感恩也同样至关重要。感恩不仅是一种良好的心态，也是一种伟大的奉献精神。孩子将来慢慢长大成人，总有一天要走进社会，在众多的社会关系中，孩子会受到很多同事、亲人、朋友、陌生人的帮助，这时，孩子最需要有一颗感恩的心。当孩子以一颗感恩的心面对社会时，他会活得更愉快、更出色。

然而，现在社会独生子女越来越多，他们在家过着"衣来伸手，饭来张口"的生活，全家一切以孩子为中心，而孩子们从小到大都是扮演被爱的角色。日子久了，大多数孩子会认为他们从父母那里得到的关爱是应该的，生活中只知道索取，不知道回报，自然不会想着去关心别人和感激他人。可见，如何让孩子懂得感恩是一件特别重要的事情。

现代家庭中，许多父母对孩子的付出更是超出了正常的爱，他们经常有意无意地向孩子表明：父母的爱是无偿的、无私的。这一做法似乎证明了父爱母爱的伟大，但事实上却向孩子传递了一个错误的信号：父母爱他是天经地义的，是不需要回报的。这就让他们慢慢养成了乐于接受的习惯，哪里还知道感恩？父母的恩情都忘记了，更别说感恩他人了。

李刚是小学四年级学生，平时衣来伸手，饭来张口，连自己的学习用具都要由母亲来整理。有一天，母亲生病不能起床做饭，就让他自己去楼下的路边随便吃点，并让他做一些简单的家务。这孩子一听母亲居然连自己吃饭都不管了，还要自己动手做家务，就对着躺在床上的母亲大发脾气，骂她"没有人性，把自己的孩子当奴仆使唤。"

李刚的父亲下岗后靠修鞋维持家用。在这种情况下，李刚照样大把大把地花钱，经常向父亲要零花钱，还抱怨自己太委屈，投错了胎，有这样窝囊的爸爸。李刚每天很少待在学校或家里，除了出入网吧，就是在街上的小饭店吃小吃。有一次，累了一天的父亲要他打一盆洗脸水、取一条毛巾时，他以"正在做作业"为由拒不动手，还没好声气地说："又不是什么老爷，穷巴巴的还想要人伺候……"

像李刚这样的孩子，连自己父母的养育之恩都不懂回报，将来走进社会后，又怎么懂得感恩社会、感恩他人呢？这样的例子我们身边还有很多。可见，现在的孩子不懂得感恩已是一个不争的事实。因此，为人父母要特别注意，除了教孩子勤读书、有礼貌、守秩序外，还要注意多培养孩子的感恩之心。只有懂得感恩的孩子才懂得爱，而在爱中成长的孩子才能健康快乐地生活，将来踏入社会后，才懂得回报社会、奉献社会、感恩他人。

感恩是一种对别人帮助自己的感激的心理表示。每个人都应该对帮助过自己的人有感恩之心。学会感恩，是为了擦亮蒙尘的心灵而不致麻木；学会感恩，是为了将无以为报的点滴付出永铭于心。在现实生活中，如果我们都能做到不忘感恩，那我们的社会将是多么的美好，人与人之间将是多么的和谐、亲切。我们自己的生活也会因此变得更加幸福美满。因此，父母应该让孩子从小懂得感恩、报恩。

"滴水之恩，当以涌泉相报。""投我以木桃，报之以琼瑶。"这是我们中华民族的传统美德，也是做人的基本素质。如果孩子拥有一颗感恩的心，那么，他们就会以坦荡的心境、开阔的胸怀来应对人生中的酸甜苦辣，让原本平淡的生活焕发出迷人的光彩！

9. 忍耐

"忍耐"是一个人品性的养成，是一个人克己的功夫。虽然每个人天禀、资质、环境、教育各有不同，忍耐功夫的养成亦有差异，但忍耐克己的功夫是值得重视的。凡是能成大事的人，必具有非常的忍耐心，否则断不能临事镇静，沉着应付。

个性刚强的人，往往不能忍耐，易为情欲所操纵，易为情绪所影响，因而误入歧途，必须自我控制与压抑，把强烈的情感导入正轨，才能变为成功有效的力量。中外历史上许多伟大的人物，都具有一种自我节制的忍耐力，不使强烈的感情随便冲动，于是方能有守有为。

国父孙中山先生，在革命期间，伦敦的蒙难，以及各种劫难，完全是借着临事沉着坚忍的精神，化险为夷；一股凛然正气，任难不足惧，亦是处变不惊，坚忍沉毅而脱险的。

人生尽职本分，平静而快乐，完全是由忍耐的习惯造成。忍耐又可自我克制私欲，无论事情大小，不以私欲掺杂其间，虽然遇到一时的委屈，仍能行所无事。唯有能够自我克制感情冲动的人，才能容忍他人；否则一有私见，便会因私忘公，一旦根深蒂固，便将贻害终身，无法自拔了。

"忍耐是快乐之门"，人生的幸福，单凭个人去开创是有限的，是和其他的人通力合作而获得，必须能与大家和谐相处。要养成宽宏平和的性情，避免怪诞孤僻，只有在忍耐抑制上下功夫，始可与你周围的人和睦无间，自然会受人尊敬，无往而不利。

有句老话说得好："人借性情可以奏功，有如人借才能可以成功。"性情和才能，一半出于自然，一半则可自己磨炼。要能成功，不可不忍耐，唯忍可以制胜一切，表现出坚韧不拔的精神。

厄运由忍耐而制胜，在艰难困苦之中，方见英雄，你若是到了山穷水尽的时候，那不啻是造化故意在成全你，可称巧妙的安排。一切人间无情的遭遇和刁难，无一不是刺激你发奋图强的因素和机会，"一忍足以支百勇"，"一时的忍耐，可带来数十年幸福的泉源。"跨过这一步，你就可踏进成功的领域。

10. 谦和

孔融小时候聪明好学，才思敏捷，巧言妙答，大家都夸他是奇童。4岁时，他已能背诵许多诗赋，并且懂得礼节，父母亲非常喜爱他。

一日，父亲买了一些梨子，特地拣了一个最大的梨子给孔融，孔融摇摇头，却另拣了一个最小的梨子说："我年纪最小，应该吃小的梨，你那个梨就给哥哥吧。"

父亲听后十分惊喜。孔融让梨的故事，很快传遍了曲阜，并且一直流传下来，成了许多父母教育子女的好例子。

孔融让梨的故事之所以能传诵千百年，关键在于"谦虚"二字。老子说："江海所以能成百谷王者，以其善下之，故能为百谷王。"百川之所以汇集江海，因为它善处下游地位，所以能成为百川之王。

房子要中空才能住人，房子塞满了东西就成了仓库，无法让人快乐地生活其中；碗要中空才能够盛饭盛汤，实心的碗绝对无法发挥碗的功能。

装满了水的杯子，再往里面倒水是倒不进去的，你只有始终保持一种杯子的状况，才能吸纳更多的水。一个能够成就一番大业的人，就要像饱满的谷穗一样，低垂下头颅。同样的道理，人的心也要中空（有空间）人才能够容人容物，那些小心眼的人就因为心堵塞了，没空间了，所以才容不下别人。

一家杂志社做过一项题为"最受欢迎的人和最不受欢迎的人"的社会调查，结果列"最受欢迎的人"之首的是富有才干而为人谦虚的人；列"最不受欢迎的人"之首的是自命不凡、目空一切、夸夸其谈的人。这项调查充分显示出谦虚对一个人多么重要。

一位对佛学有很深造诣的人，去拜访一位德高望重的老禅师。老禅师的徒弟接待他时，他很是瞧不起，心想："我的佛学造诣很深，你算老几？"

后来，老禅师出来了，十分恭敬地接待了他，并亲自为他沏茶。可在倒水时，杯子已经满了，老禅师还不停地倒。他疑惑地问："大师，杯子已经满了，为什么还要往里倒呢？"

原来，禅师的意思是，"既然你已经佛学造诣很深了，为什么还要来我这里求教呢？"这就是我们常说的"空杯心态"的起源，想要学到更多的学问，就必须先把自己想象成"一个空着的杯子"，而不是目中无人，骄傲自满。

121

谦虚可以让你赢得更多。"越成熟的果实，头垂得越低。"这是真正懂得了成功处世的意义后表现出来的谦虚的态度。我们常常会遇到这种人：他们在公共场合口若悬河，不肯听取别人的意见；在交往中骄横无礼，无事生非；在众人面前飞扬跋扈，从不正视别人，这种人外表咄咄逼人，其实华而不实，内心无比空虚。

而那些具有真才实学的人外表倒是十分的谦虚。他们语气柔和，是内刚外柔之人，自然会得到他人的尊重，人人都喜欢和他交往。一个人有地位、有才学而能谦虚待人，就越能使别人信服。因为谦虚是美德，有巨大的吸引人、感召人的力量。

别让骄傲挡了你成功的路。"劳谦虚己，则附之者众；骄慢倨傲，则去之者多。"谦虚待人，愿意和他亲近交往的人自然就多；如果骄傲自大，盛气凌人，原来和他亲近的人也会离他而去了。

法国大哲学家洛士佛科说："与人谈话，如果自己说得比对方好，便会化友为敌；反之，如果让对方说得比自己好，那就可以化敌为友了！"如果对方总是夸自己的长处，并陶醉其中，觉得自己像个伟人，那么你就不妨多谦逊一下，表示卑小无能，这样自然容易获得对方的好感。谦虚者多益，骄矜者易损，这确实是古往今来人类的经验之谈。

11. 合作

如今，独生子女越来越多，他们过着"小皇帝""小公主"般的生活，被一家至少两代人宠着、爱着。这样的孩子自小就喜欢以自己为中心，做任何事都不考虑别人，缺少团队合作精神。这将是孩子成功的绊脚石。

欧洲著名心理分析家 A. 阿德勒认为，假使一个儿童未曾学会合作之道，他必定会走向孤僻之途，并产生牢固的自卑情绪，严重影响他一生的发展。可以说，合作是孩子将来很好地适应社会的关键，是立足社会不可缺少的重要因素。

现代社会，到处都需要合作，每个人都离不开合作。在如今这个开放的社会里，人与人之间的竞争日益激烈，一个人如果不懂与人合作是很难获得成功的。"一个好汉三个帮"就是这个道理。合作是一种能力，更是一种艺术。只有善于合作的人，才能赢得更大的发展空间。合作是成功的灵魂，作为父母，为了孩子将来的成功，一定要培养孩子的合作精神。

我们常说，团结就是力量。学会与人合作，才能众志成城，战胜一切困难，将每一件事情办好。是否拥有与人合作的能力，对孩子将来事业的成败有着重大的影响。

下面我们先来看一个关于合作的例子：

一家跨国公司招聘高层管理人员，6 名优秀的求职者经过一系列的考验，从上千人中脱颖而出，进入了公司老板亲自把关的面试。老板详细看了这 6 个人的资料后都相当满意，本想全部留用，突然，他想到了什么，就给这几个人出了最后一道题目。

老板把这 6 个人分成 A、B 两组，A 组 3 个人负责调查汽车饰品市场，B 组 3 个人负责调查润滑油市场。老板还解释说："我们录取的人是用来开发市场的，所以，你们必须对市场有敏锐的观察力。让你们调查这些行业，是想看看大家对一个新行业的适应能力。每个小组的成员必须全力以赴。"在他们要出发的时候，老板又让助手给他们每人一份相关的资料。

几天过后，6 个人回到公司，将各自的调查报告交给了老板。老板看了，站起来走到 A 组 3 个人的面前，给他们祝贺说："恭喜你们已经被录取了！"最后老板让他们相互看看手中走时拿到的资料。原来，刚开始每人得到的材料都不一样，A 组 3 个人得到的分别是这个城市该行业的过去、现在和将来的市场分析。B 组的资料也是类似的情况。A 组的 3 个人能在一起商量探讨，并发现了资料的秘密，而 B 组的成员却没有这样做，而是抛开队友，自己做自己的，得到的市场分析报告自然不够全面。这就是他们不能被录用的根本原因。

上面这个例子使我们认识到：现代社会，分工细化，竞争激烈，只有借助众人的力量，才能更好地发挥并实现自己的价值，取得自己想要的成功。联系到家庭教育上，要想让孩子实现自己人生的辉煌，取得他想要的成功，父母就必须注意培养其与人合作的能力。

我们所处的时代是竞争激烈的知识经济时代，团队精神在竞争中越来越重要。一个能与人合作的孩子成年步入社会后就能很快适应工作的集体并发挥更大的作用，而不能或者说不会合作的孩子，在生活和工作中就会出现很多麻烦，相信家长们也都深有体会。

我们发现，那些不能与别人友好合作、没有团队意识的人，即使有很好的能力，也难以把自己的优势在工作中淋漓尽致地发挥出来。因为一个人的力量是有限的，只有学会了与人合作，他才能拥有强大的力量，取得更大的成功，造就更大的辉煌。

12. 孝道

现代社会中，越来越多的家庭遇到了"四二一综合症"，即指四位老人，父母两个人，共同关爱一个孩子，溺爱已经成了家庭教育必须解决的问题。

随着该问题的不断恶化，随之就是孩子对父母的孝道问题，很多家长都在问自己，问朋友，我们将来还能靠着孩子吗？当然，现在社会保障事业也在不断完善，子女和父母都不必为以后的事太过忧虑，但不管社会如何进步，人都需要爱，都需要亲情，子女需要父母的关爱，同样父母也需要孩子的孝敬，这样组成的家庭才算得上是一个温暖的家庭，没有孝道的家庭会是很凄凉的。

试想，一个不懂孝敬父母长辈的孩子，他还能尊重谁呢？只能是被社会所淘汰的对象。

我们常说："百善孝为先。"孝敬父母，孝敬老人，是我们中华民族的传统美德。但是，这种美德却在渐渐远离我们这个时代的孩子们，在他们身上，我们很难发现孝敬父母的表现。

生活中倒是可以看到这样的镜头：吃过饭后孩子就可以看电视或找伙伴玩耍了，很少有孩子会主动提出帮父母收拾碗筷；家里有好吃的糖果点心，家长总是想着孩子，孩子却很少分给父母一点；父母生病卧床，孩子却还在埋怨父母的照顾不周。这真的很令人担忧啊！

孩子能不能孝敬父母，不仅仅是孩子对父母的关爱与否，其实是一个人能否关心他人的问题。孩子在家里能养成孝敬父母老人的好习惯，进入社会后，他才有可能做到关心同事，才有可能对祖国忠诚，对工作和社会负责，才有可能更好地融入到这个社会中。

这是一个关于初中学生的真实的故事：

> 有一位中学生，他的奶奶要过60岁大寿，他和父母一起给老人祝寿。餐桌上，这个中学生嚷嚷着要自己先吃一块生日蛋糕。父亲特别生气，不同意他的无礼要求。
>
> 他便开始大闹："不让我先吃也行，那你们谁也别想吃了！"他一下子就把生日蛋糕掀翻在地。奶奶一看眼泪都流了出来，说："我是多么疼爱你，心疼你十几年啊，你爱我一会儿也不行吗？"

以上这个事例中，老人十几年对孩子的关爱得到的回报却是孩子等一会儿吃蛋糕都不行。令人寒心，发人深省。孩子为什么会这样冷酷无情、自私自利呢？就是因为家长平时忽视了对孩子孝道的教育。这就启发我们：千万不能忽视对孩子的孝道教育。

13. 合群

与人交往的能力又称"人脉竞争力"，即一个人在人际关系、人际网络上的优势。它可以让你比别人更快地获取有用的信息，进而转换成升迁机会或者财富。尤其在中国这个极其讲究人情面子的国度里，关系的作用不可低估。维护好了各种各样的关系，就好像有了两只翅膀，会比别人飞得更高，飞得更远。

人脉关系是孩子做事的秘密武器。在美国，有一句流行语："一个人能否成功，不在于你知道什么，而是在于你认识谁。"在当前经济和社会高速发展的时代，人脉已成为专业的支持体系。

对于个人来说，专业是利刃，人脉是秘密武器，如果光有专业，没有人脉，个人竞争力就是一分耕耘，一分收获，但若加上人脉，个人竞争力将是一分耕耘，数倍收获。

美国商人所做的领导能力调查得出了下列结果：一是管理人员的时间平均四分之三花在处理人际关系上。二是大部分公司的最大笔开支用在人力资源上。三是任何公司最大的也是最重要的财富是人。四是管理人员所订计划能否执行，其关键是人。无论你干哪一行，从事何种职业或专业，学会处理人际关系，你也就在成功路上走了85%的路程，在个人的幸福的路上走了99%的路程了。

美国著名的卡内基工业研究所，对一万名现职主管所做的调查显示，这一万名主管当中，只有15%的人，是由于专业知识丰富、技术成熟或智慧高超而获得升迁的。其余85%的人，则是因为能够和别人融洽相处，得到部属的支持，才获得升迁的。

事实上，由于工作效率不高而失去工作的人，不过占10%，其他90%被解雇的人员，则是由于不能获得他人的支持。

　　人脉关系决定孩子将来做事成败。曾任美国总统的西奥多·罗斯福曾说："成功的第一要素是懂得如何搞好人际关系。"比尔·盖茨也说："个人永远不要靠自己一个人花100%的力量，而要靠100个人花每个人1%的力量。"

　　一个人能否成功，不在于你知道什么，而是在于你认识谁。"一流人才最注重人缘"，人缘是很微妙的东西。我们在世上的一举一动，所接触的大人物或小人物都可能变成日后成败的因素。哈佛大学曾经研究表明，被大家认同的杰出人才，专业能力往往不是很强，关键在于他们会采用不同的人际策略，他们会以最快方式找到对的人解决问题。

　　斯坦福研究中心发表的一份调查报告指出：一个人赚的钱，12%来自知识，88%来自关系。卡内基培训大中华区负责人黑幼龙指出，这句话并不是叫人不要培养专业知识，而是强调"人脉是一个人通往财富、成功的入场券"。

　　人脉关系是孩子终身受用的无形资产和潜在财富。人脉关系是一种互相提拔，让彼此形成合则两利的共荣圈。关系是一种资源和资本。你在公司工作最大的收获不只是你赚了多少钱，积累了多少经验，更重要的是你认识了多少人，结识了多少朋友，积累了多少人脉资源。这种人脉资源不仅对你在公司工作时有用，即使你离开了这个公司，人脉还会发生作用，成为你创业的重大资产。

　　人脉的积累是个长期持续的过程，你需要经常盘点自己的人脉资产，计算你的投资和收益。只有不断积累人脉资源，你才能在这个联系日益加强的社会关系网中游刃有余地驰骋。

人脉关系是你在这个社会生存的资本。"天时不如地利，地利不如人和"。治理国家要理顺人脉关系，所谓"政通人和"；经商贸易要搞好人脉关系，所谓"和气生财"。当今社会竞争非常激烈，而且会越来越激烈。

一个人的成功不仅仅取决于他的能力，更重要的是取决于他的人脉关系，有多大的人脉关系，就能成就多大的事情。这个世界上有能力的人很多，然而得到成功的人却很少，更多的人抱怨自己没有机遇，为什么？

一个重要的原因就是他们在人脉关系处理方面有所欠缺。良好的人脉关系将会使你在工作中、职业生涯发展中占据主动，左右逢源。如果你拥有一个强大的人脉关系网络，那就会比竞争者具有先天的资源优势。

朋友多了路好走。一个人的精神和能力毕竟有限，要想办好事，办大事，就应该学会借助各种有利条件。要充分认识到合作和团队的重要性。

一个人仅靠一己之力是很难获得成功的。你要寻找身边的贵人。依靠人脉关系办事已经在中国达成了共识。关系是一种感情的凝聚和利益的融通。有了关系也就有了路子，有了利益，有了各种随时可以兑现的希望。一旦哪一个环节的关系结了扣子，出了问题，便很可能会影响到你的切身利益甚至仕途前程。

14. 分享

当今社会，几乎每个家庭都讲究"宝宝优先"的原则：好吃的、好用的、好玩的都是宝宝优先。宝宝把好吃的分给父母时，父母会舍不得："真乖，宝宝自己吃吧，全是你的。"

诸如此类的行为都剥夺了宝宝与人分享的机会。突然有一天，年轻的父母们会发现，宝宝手中的东西不愿意给同伴，甚至不愿意给父母和爷爷、奶奶等。这时，父母可能会很尴尬，并且有些心酸：孩子怎么成了"白眼狼"？怪谁呢？都怪自己不教孩子与人分享的好品质。

教孩子和别人分享可以使孩子懂得回报社会，回报他人。有人对少年儿童的不良习惯做过调查，自私自利是孩子们比较突出的坏毛病。

其实，孩子这种坏毛病的养成主要是由于家长没有教会孩子与人分享的习惯。如果家长能够坚持教育孩子主动与人分享，在有益于自己的同时，也方便他人。孩子的自私心就会减少，回报心就会增多。

不教孩子和别人分享就会培养出自私的孩子。下面我们来看一个事例：

乐乐是个令人头疼的宝宝，别看他人不大，拿到手的东西，很难让他再拿出来。妈妈每次带他下楼玩，不管他看到谁的玩具多么的好玩，都不敢让他动手，因为他一旦动手拿了别人的东西，再让他还给别人时，虽然他也会把东西还了，但一定会大哭一场。在家里，给他的东西，别人拿走一点都是不行的，他总是喊："没了，又没了"，其实他手里还有很多呢。

有一次，乐乐双手拿着棒棒糖，高高兴兴地在院里玩，遇到邻居蕾蕾，妈妈鼓励他"分给蕾蕾一个棒棒糖"，乐乐慌忙将双手缩进怀里，一个劲儿地摇头。

乐乐妈妈非常尴尬，情急之下从她手中强夺一个，惹得他哇哇大哭。乐乐妈妈这才注意到孩子几乎从不将自己的东西主动与别人分享，即使是家庭成员，也很难从他手里得到一点"好处"。

现在很多家庭都有一个像乐乐一样的孩子，这个孩子基本上是家中的"小霸王"或"小公主"，说一不二，不愿分享，完全以自我为中心。这样的孩子将来是很难立足社会的。

父母养育孩子并不是为了得到回报，但从社会的角度以及成长的视角看，人必须具备回报意识，懂得与别人分享，这些需要从小培养。事实是宝宝的这一行为正是长期以来父母培育的结果，宝宝吝啬也好，慷慨也好，无一不与父母的培育有关，科学合理的分享教育，能培养宝宝的分享观念和行为，反之，宝宝可能会滋生自私和吝啬的品性。

懂得分享的孩子在待人待事中往往显得心胸宽广、得体、懂礼貌，他们能更好地适应社会，更愿意付出。教孩子与人分享能帮助孩子克服人格发展中的某些缺陷，弥补其不足，形成更为全面和健康的人格。

相反，喜欢"吃独食"的孩子，在待人接物中往往显得小气、斤斤计较、顾虑多，通常不想付出，做什么事都要讲条件，更容易出现社交问题。

那么，家长如何培养孩子与人分享的好品质呢？你不妨参考以下几点做法：

（1）做孩子的好榜样

家长在为人处事的过程中，要关心别人，乐于奉献。这样，孩子自然会看在眼里，记在心里。家长做好与人分享的楷模，经常乐于奉献，对孩子的教育比其他教育方式要好得多，也可以让孩子自己意识到应该与人分享。

（2）让孩子感受与人分享的乐趣

生活中，很多孩子愿意到别人家玩别人的玩具，但当别人到自己家来时就不想拿出自己的玩具给别人玩。对此，家长应该给孩子讲，玩具让别人玩一下又不会坏，而大家一起玩是多么开心啊！就算玩坏了，只要大家开心，坏了还可以买新的，再说你到别的小朋友家里，别人不是也让你玩他的东西吗！这样孩子就会慢慢明白与人分享自己也不会损失什么，反而得到了快乐。

（3）对孩子与人分享的行为进行表扬

在生活中，孩子与人分享的机会很多，例如孩子得到了好吃的糖果，又得到了父母的新玩具，正好其他小朋友也在，家长要让孩子主动拿出自己的东西分给别人，并对孩子进行表扬，让孩子知道自己的行为是对的。

（4）平时不给孩子独享的特权

有的父母对孩子过分溺爱，平时好吃的东西自己不舍得吃都留给孩子。这样时间长了，孩子就会觉得好东西就该他自己一个人享用，别人都应该让着他，慢慢变成他把所有的东西都据为己有，不让别人沾手，这只会培养出自私的孩子来。

家长正确的做法是，让孩子知道好东西应该大家一起分享，不能只顾自己不顾他人，任何人不能搞特殊。父母要千方百计地让孩子明白，分享不是失去而是互利。

15. 主动

日常生活中，孩子之间发生矛盾和冲突，引起父母大打出手的情况比较常见。其实，家长没有必要替孩子解决矛盾和冲突，因为孩子有能力主动解决问题。家长替孩子解决矛盾和冲突，就充分说明家长轻视孩子解决问题的能力。

美国心理学家的研究成果表明，孩子是否能成功解决问题，更多地取决于他的经历而非聪明。然而，不少家长认为，自己的孩子年龄还小，不具备解决问题的能力。实际上，即使是很小的孩子，也会主动运用一些策略和办法来解决问题。

下面我们来看一个事例：

> 有两位家长到幼儿园接孩子，发现孩子在打架，两个人气不过，没走出幼儿园，就在楼梯间打了起来。
>
> 第二天，他们来接孩子的时候，像仇人一样，谁也不理谁，可到教室一看，他们发现，两个孩子正像没事一样在友好地玩耍。

其实，小孩自己具备协调的能力，家长遇到孩子在打架或被人欺负时不要冲动。因为孩子们还小，基本不可能发生大的冲突，也不会造成严重后果。

所以，遇到孩子与其他小朋友发生不愉快时，家人应该让孩子自己去解决。家长最好不要包办代替，在孩子不需要的时候擅自帮助孩子或替孩子做决定，因为一旦失去锻炼机会，孩子独立解决问题的能力就会退化，遇到问题就会束手无策。

因此，家长应给孩子足够的机会，具体指导，培养孩子解决问题的能力，上好孩子成长过程中这不可或缺的一课。

事实上，家长教育孩子的目的不仅是帮助孩子克服几个困难、解决几个问题，更重要的是教育孩子学会克服困难、解决问题的方法。使他们从小养成肯动脑、勤于思考，不依赖他人的良好习惯，培养他们自主、独立地解决问题的能力。

孩子和小朋友在一起闹了不愉快，受了点委屈，这很正常，没必要大惊小怪。因此，父母应让孩子勇敢去面对，自己去解决。

下面我们看看希拉里·克林顿小时候的故事：

　　美国前总统克林顿夫人希拉里·克林顿在 8 岁的时候，随父母搬到了芝加哥郊区的帕克里奇居住。来到一个新环境后，活泼好动的希拉里急于想交上新朋友。但她很快发现这并非易事。

　　每当她到外面玩耍时，邻居的孩子不是嘲笑她就是拒绝她，有时还对她搞恶作剧。受了委屈后希拉里就哭着跑回家，母亲问她为什么哭泣，她也不说。

　　希拉里的母亲静静地观察了几天，终于有一天，当希拉里又一次哭着跑回家时，母亲站在门口拦住了她，对她说："回去勇敢面对他们，我们家里容不下胆小鬼，你一定要让他们接受你，成为他们的朋友。"

　　希拉里只好硬着头皮走出家门，这让那些欺负她的孩子很吃惊，他们没有料到这个小丫头会这么快回来，他们本以为希拉里会像往常一样哭着跑回家再也不出来。

　　最后，希拉里终于以自己的勇气赢得了新朋友。在以后的岁月里，每当遇到困难与挫折时，希拉里总会想到这件事情，她就会鼓足勇气，大胆去迎接挑战。

以上事例中，希拉里母亲的做法是值得我们每个家长学习的。看起来仅仅是件微不足道的小事，但通过这件小事，母亲的做法使希拉里明白了一些道理，并且学会了处理问题的办法。

也许这件小事对希拉里的性格和命运没有产生多重要的影响，但这样微不足道的小事多了，累加在一起，对希拉里的人生就产生了决定性的影响。因此，身为父母，即使是处理一件小事，也应该采用对孩子有益的方法，以给孩子正面的影响。

如果是我们面对在外面受了欺负跑回家来的孩子，会怎么做呢？我想大多无外乎这三种情况：一是很生气地对孩子说："他欺负你，今后你别和他们在一起玩了。"阻断了孩子和欺负他的小朋友交往；二是父母会找到欺负者，对他们讲一些道理，希望他们能和自己的孩子成为朋友；三是父母看到孩子受欺负，心里很生气，拉着孩子就出去，找到欺负孩子的小朋友，严厉训斥和威胁一番，甚至会找到对方家里去。

采取第一种方法，会导致孩子的自我保护意识过重，交际圈缩小；采取第二种方法，会使孩子对父母产生较强的依赖性，今后遇到问题会没有自己的主见，而最终孩子还是无法真正能赢得小朋友的尊重；第三种方法不仅会使孩子和孩子之间的关系不和谐，还会使两个家庭的关系受到伤害，更重要的是父母的"言传身教"很容易使孩子在学习、对待他人和处理问题时使用简单粗暴的方式。

很多时候，面对孩子们间发生的矛盾和冲突，家长通常会告诉孩子应该怎样做，不应该怎样做。比如两个孩子争抢玩具，我们会对其中一个孩子说："为什么别人抢你的玩具呢？肯定是你拿的玩具太多了。"然后，再对另一个孩子说："你抢别人的玩具是不对的，要玩别人的玩具应该用礼貌的话，和小朋友协商……"

可是这种解决纠纷的方法，暂时是缓解了小朋友间的矛盾。但是孩子们还是不能学会如何处理与伙伴间的纠纷，自己并没有掌握解决问题的方式方法，孩子一旦遇到矛盾，还是会发生类似的冲突，比如硬抢东西、打架……这种直接告诉孩子怎样做的方式，就像是将自己的观点强加给了他们，忽略了让孩子去思考，忽略了培养孩子自己解决问题的能力。

所以，父母面对孩子间的矛盾时，最好是问清原因，启发他们说出应该怎样做。比如这样问："你为什么抢别人的玩具？这样做对吗？想玩别人的玩具应该怎样和小朋友说呢？""玩具是大家的，能不能把玩具都自己霸占着呢？别人想玩你的玩具，你会谦让的让别人玩玩吗？"再比如小椅子碰倒在地，好多孩子都看到了却无动于衷。这时家长可以问："小椅子摔倒了，我们应该怎样做呢？"

当孩子们争着抢着去扶小椅子的时候，孩子们已经明白应该怎样做了。孩子面对问题的时候，家长更应该放手，将问题抛给孩子，引导他们想出正确合理的解决方法，这样就会锻炼孩子自己解决问题的能力。

当孩子之间产生矛盾时，他们出于本能会寻求父母的帮助。对此，父母应在日常生活中教会孩子自己处理这些矛盾，这样做比直接介入对孩子的成长更有益处。

比如，先别冲动，让自己冷静 10 秒钟，保持一颗平常心了解事情经过；再让孩子讲遇到的情况，先别下结论，再向对方孩子或家长了解，多方面掌握情况；然后，向孩子分析打闹中谁不对，如果是自己孩子的问题，就让他知道是他不对；如果是对方孩子的问题，就教他独立解决。

总之，孩子争吵、打架、闹纠纷、发生冲突、产生矛盾并不可怕，可怕的是家长毫无根据地强行阻止和不问青红皂白地指责、批评。家长要想避免这种口不择言、简单从事的做法，就必须努力提高自己对孩子的分析判断能力，以便采取适当的方法给予正确的引导。

第三节　对造物主

1. 敬畏

近年来，间或有花样的生命在"人祸"中陨落的新闻报道见诸报端、网络、电视台等媒体。

尽管都属于少数的极端案例，但"人是能够思想的芦苇"，那些触目惊心的情境委实无法让人们平静淡然，无法不给以巨大的关注和思考：在神圣的生命、人生而平等的尊严面前，一些青少年当事人对生命的尊重和敬畏感跑哪去了？

人的社会化过程的初期是相当重要的阶段，民间很早就有"从小一看，到老一半""桑树从小育"等富含哲理的生活谚语。青少年的可塑性较大，因此，敬畏生命意识的培育当从青少年开始。

敬畏生命的主旨是爱惜自己的生命，尊重他人的生命。其在生活中的综合表现是不侵害他人的利益，心理健康，有较高的人格水平。

2. 赞美

生命是美好的，只有你拥有它，才能享受世界的阳光、星夜、清风、雨雪，还有生活、爱情、快乐、忧伤。

能够学会赞美生命，享受生命带给我们的美好，享受每一寸阳光、每一分欢乐。但是，享受生活并不意味着无所事事；由于赞美而喜乐，生活更加充实有力量。美带来强大的精神安慰，带来向善的刺激与动力，吸引人的眼球令生活更专注。一个很简单的道理：当一个人的生命中没有了目标，他的每一天只能被空虚与迷茫所充斥，每天用一个似乎很快乐、很不在乎的外壳去欺骗自己与爱自己的人，用极尽无聊的举动去刺激自己麻木的灵魂。

生命总是要有些追求的，有一个能够让自己热血沸腾的目标，在不断地努力中逐渐靠近自己的目标，在不断积累的小小成功中收获自信与满足，这便是奋斗的快乐，生命的快乐。

3. 顺服

很多时候，我们的不服、埋怨和反抗，都是因为跟人比较。有些人看起来好像很柔顺，虽然嘴巴不说，其实他心里一遇到什么事，心里就不平，这样的人不懂得什么叫顺服。

真的顺服，是我们柔软地接受，心里面永远不会嘀咕。只要不违背真理，这样也好，那样也好。我们天生就是很爱讲理的，爱讲理的人，永远不知道什么叫顺服。顺服很多是不讲理的，在军中流行一句话："合理的要求是训练，不合理的要求叫磨炼。"

让羔羊的柔顺性格成形在我们身上，如果我们没有遭受很多不合理的要求，不合理的待遇，怎么会磨成一个柔顺的性格呢？只有顺服至高主权的人，才能顺服地上的执政掌权者，服从行政管理制度。人有反叛天性，实践自己主观愿望的心志强烈；许多时候出现上有政策下有对策，部分甚至对抗到犯法的地步。若是能够委身至高权柄，生命愿意让真理做主，见证心地柔软，才是顺服的基础。产生尊重权威、听命父母、服从老师，成为接受社会规范的好学生、好公民。反之，若是不承认绝对权威，背叛、抗拒至高权柄，可能就会目空一切。

青少年顺命和睦相处，是国家和谐的标志之一。

第四节　对物

1. 爱护

爱护公物是我们每一个社会成员应尽的职责，更是我们青少年应养成的美德。

首先，爱护公物是集体生活的需要。校园里的一切设施，都是为全体学生服务的。试想，如果我们大家都不爱护公物，那么我们的校园将不成其为校园，也必将对每个学生的生活、学习带来许多的不便和负面影响。

其次，爱护公物是培养学生良好习惯的需要。学生阶段是学习知识，更是学会做人的黄金时期。这一时期，良好习惯的形成，对于今后步入社会，成家立业，立足社会都不无裨益。成功是好习惯的积累，有了好的习惯，它总有一天会生辉，会把人照得光明、美丽。作为学生现在所做的一切，均是为自己的将来奠定基础，舍弃不良习惯，培养良好品行，对自己的未来至关重要。人为破坏公物的行为将为社会、学校所不容。

最后，爱护公物是遵规守纪的需要。学生的一切行为习惯，均应以《中学生行为规范》为指南，毋庸置疑，损坏公物，必将受到重罚。

爱护公物，从遵守学生守则开始。作为校园的一份子，要牢牢树立起"校荣我荣、校耻我耻"的观念，遵守校规，恪守校纪，讲爱国守法、讲明礼诚信、讲团结友善、讲勤俭自强，尊重人，宽容人，理解人，争做文明事，争当文明人，把校园礼仪体现到积极向上、健康文明的一言一行中，把校园文明落实到具体的学习、生活的每一个环节中。

爱护公物，从一点一滴开始。天下大事，始作于细。重要的是要通过我们平常的一言一行、一点一滴来体现。见面问声好，上车让个座，上学不迟到，下课不早退，考试不作弊，作业不抄袭，不乱起绰号，不乱扔纸张，讲学习礼仪，讲着装礼仪，讲交往礼仪，在平常的一时一事中养成良好的学习习惯、卫生习惯。因此，教导他们爱护环境、维护生态平衡义不容辞。

2. 节约

古人云："俭，德之共也；侈，恶之大也。"自古以来，勤俭节约一直是中华民族的优良传统和美德。几乎每代人从小都接受着勤俭节约理念的教育。

节约是我们的传家之宝。节约一粒米、一滴水、一度电、一块砖、一张纸……节省的不仅是个人的财富，也是全社会的资产、整个地球的资源。

可以说，选择了勤俭，就是选择了科学文明的生活方式，选择了健康和谐的发展模式。近年来，随着社会经济的迅速发展，人民生活水平大幅度提高。致使部分中小学生的思想观念、道德观念、价值观念发生了重大变化。

许多青少年养成了衣来伸手、饭来张口、消费至上、享受第一、攀比浪费、追赶时髦、喜新厌旧等坏习惯。许多学生对"来之过易"的学习、生活用品不珍惜，随手就扔、随便就丢的现象非常严重。对于学校的公物更是不爱护，随意破坏现象愈演愈烈。

可喜的是，自党的十八大以来，"厉行勤俭节约、反对铺张浪费"在全国范围内被大力提倡和宣传，无论任何人，都开始注意从点滴做起，践行勤俭节约，反对奢华。青少年是祖国的未来，民族的希望，但愿传统美德在他们身上能够真正落实。

3. 仁慈

　　一个中年妇女中午在家门口碰到 3 位老人，她上前对老人们说："你们一定饿了，请进屋吃点东西吧！"

　　"我们不能一起进屋。"老人们说。

　　"为什么？"中年妇女不解。

　　一位老人指着同伴说："他叫成功，他叫财富，我叫仁慈。你现在进屋和家人商量一下，看看需要我们当中哪一位？"

　　中年妇女进屋和家人商量后决定把仁慈请进屋。她出来对老人们说："仁慈老人，请到我家做客吧。"

　　仁慈老人起身向屋子走去，另两位叫成功和财富的老人也跟进来了。中年妇女感到奇怪，问成功和财富："你们怎么也进来了？"

　　老人们都回答说："哪里有仁慈，哪里就有成功和财富。"

　　孔子在《论语·颜渊》中说的："君子成人之美，不成人之恶，小人反是。"成人之美，是一种高尚的行为，是助人为乐、利人利众的仁义表现，是一种"善"。不要当一只苍蝇，专去吮吸那带血的伤口。"人为善，福虽未至，祸已远离；人为恶，祸虽未至，福已远离。"不要将一个人的缺点挂上招牌到处鼓吹。不要在一个人面临陷阱之时，乘机推一把。正如古语所言："善有善报，恶有恶报，不是不报，时机未到。"

仁慈就是助人，就是奉献。给人一个实现自我价值的空间，让别人努力工作，为社会服务，生活才有意义，有快乐，有丰足感，别人实现了自我的生命价值，你的生活才有价值。我们从小就从父母、老师那里学到了仁慈、正直，人们一直也在向着这方向努力。但当人们进入社会，却发现世态炎凉，儿时的纯真梦想受到了现实最严重的打击，欢笑和泪水都得从头开始学，于是人们开始质疑人性中内在的品质，开始怀疑甚至抛弃它们，取而代之的是圆滑、世俗、狡诈。对此，我们更重要的是坚持自己的内心操守，坚守自己的道德底线，依然保持一颗仁慈的心，及时行善。

每个人都是有感情的，都会懂得别人对他是好还是坏，谁是真正帮过他的，谁又是当面帮了，背后又踢了一脚的。因此，只有你仁慈，你的心才就会更坦然，更自在！歌德说："良心是一个有用的稻草人，可以把樱桃树上的麻雀吓走！同时这又是很好的一张支票，让破产的银行家渡过难关。"

这是发生在英国的一个真实故事。

有位孤独的老人，无儿无女，又体弱多病。他决定搬到养老院去。老人宣布出售他漂亮的住宅。购买者闻讯蜂拥而至。住宅底价8万英镑，但人们很快就将它炒到了10万英镑。价钱还在不断攀升。老人深陷在沙发里，满目忧郁，是的，要不是健康状况不好，他是不会卖掉这栋陪他度过大半生的住宅的。

一个衣着朴素的青年来到老人眼前，弯下腰，低声说："先生，我也好想买这栋住宅，可我只有1万英镑。可是，如果您把住宅卖给我，我保证会让您依旧生活在这里，和我一起喝茶，读报，散步，天天都快快乐乐的——相信我，我会用整颗心来照顾您！"

老人颔首微笑，把住宅以 1 万英镑的价钱卖给了他。

完成梦想，不一定非得要冷酷地厮杀和欺诈，有时，只要你拥有一颗爱人之心就可以了。

有一个盲人在夜晚走路时，手里总是提着一个明亮的灯笼，别人就好奇地问他："你自己看不见，为什么还要提灯笼走路？"

那盲人说："这个道理很简单，我提灯笼并不是为自己照路，而是让别人能看见我，不会误撞到我，这样就可以保护自己，虽然看似替别人着想了，其实也是在为自己着想而已。"

根据爱屋及乌的原理，人若能够仁慈处世为人，就有可能仁慈待物。

4. 同情

时代需要同情心，时代呼唤同情心。它的力量在于人格塑造中所起的重要作用，同情心直接反映着鲜活的人性。

同情心的丧失，意味着爱心的泯灭和人性的异化。在当今校园伤害事件不断出现之时，不难发现我们在忽视了青少年个性发展过程中，所遇到的心灵困惑和危机。

研究表明，父母的教养方式有助于启发儿童的同情心，社会化的教化和父母的言传身教将促进儿童亲社会行为的形成，其中道德内化和对个体的关爱过程也在同情心形成过程中起着重要作用。

每个个体都有善的种子，关键在于如何去引导和发现人性美丽、芬芳的一面，避开人性丑恶、奴役的一面。尊重个体的价值，增加个体的自我效能感，从中主动领悟成长的快乐，个体的自我价值感。

从另一个侧面来看事物的本质，同情心在每个人内心深处总有飞闪的一刹那，让我们感受到了尚未完全泯灭的人性。一句温暖的话语、往日里一个善意的行为，也能使罪犯放弃凶杀的残暴而心存怜悯和同情，或许这就是最好的例证。

事实上，一旦明白了施暴者同时也是受害者的道理，我们也就理解了心灵救助和人文关怀在青春期这个阶段显得尤为重要。有时人的心态，也在处理万物中显示出来。对弱小动物的关心照顾，流露出其人具悲悯之心，能虚怀若谷地接纳低下之物。如同圣经中诺亚的一家，在方舟里细心照料"万物"，体现家人的同心相爱。若是善待万物，符合古人格物、致知、诚意、正心、修身、齐家、治国、平天下之论。生活中的同情表达，显示了自身的修养，值得提倡与推动。

第五章　影响塑造的因素

第一节　家庭环境

1. 父母对社会的迎合

由于父母对社会的迎合，造成家庭教育成了应试教育的帮凶，许多父母只重视孩子的分数，忽视孩子品格的培养。

我在现实生活中发现，目前的家庭教育出现种种误区亟待改善，主要表现在：过于重视孩子的学习成绩，忽视孩子的人格教育；过于重视孩子知识技能的学习，忽视孩子的人文教育；过于重视孩子的单方面的发展，忽视孩子的全面发展；过于重视孩子的应试教育，忽视孩子的素质教育；过于重视孩子的学校教育，忽视孩子的家庭教育……

许多父母把孩子的学习成绩视为教育的主要任务，一谈起要重视孩子的教育，就会想起重视孩子的学习。"只要孩子成绩好，父母就提供一切服务，管吃、管喝、管穿、管花。"这一条成为教育孩子的主旋律，家庭的一切都为此而展开。

很多父母都把阶段性的分数作为评价孩子是否成功的唯一标准，分外关注孩子的成绩，考试多少分呀？在班级排第几名呀？年级排名第几呀？在学校能排多少名呀……

这些都是父母心目中的大事，把家庭教育当作是学校教育的延伸，而忽视了性格教育和道德教育。

2. 父母关系的破裂

美国家庭心理学家本杰明沙克博士说："父母所能为孩子做的最好的一件事情，就是夫妻两人彼此相爱。"然而，生活哪能事事如愿，当爱走到尽头，分手也许是最好的疗伤办法，而这时孩子往往是最大的受害者。

人们普遍认为，父母关系破裂对孩子的伤害最大，比如单亲家庭成长的孩子容易出现自卑、怯懦、粗暴等许多问题。

在 2005 年对上海市 1000 名初中和高中生进行了调查，结果显示：在父母经常吵架的家庭中，子女的心理问题检出率为 31.6%，而父母和睦的家庭中，子女的心理问题检出率为 11.2%。

据了解，不良个性中，离异家庭子女平均占 21.2%，完整家庭子女的比例为 5.8%。据北京某少教所的统计，22% 的问题少年出自单亲家庭。离婚家庭的子女成年后，父母离异的后遗症会相继出现。

她们多数对生活缺乏明确目标，自卑感重，对爱情关系缺乏信心，经常转换伴侣，甚至有爱恋年纪较大男性的倾向，因为她们潜意识有极深的恐惧，怕年轻男性会较易把她们遗弃。

父母感情破裂对孩子的伤害主要表现在：

一是学习、生活上没人管，导致学习成绩下降。特别是单亲家庭中的子女往往缺乏良好的学习环境，较好的生活教养和学习上的指导，出现学习状态不好，情感上缺乏安全感，极易认识社会上的不良少年，而走上犯罪的道路。

二是使孩子产生遗弃感、怨恨感等消极情绪。傅安球教授指出："父母关系破裂，人际关系失和，整日无休止地打闹，既会对孩子产生各种不良影响，造成他们严重心理创伤，也会使孩子形成不良性格特征……乃至造成他们性格异常，这很可能会伴随他们度过一生。"家中的消极情绪还会影响孩子与同伴的交际活动，最终影响孩子的人际关系。

三是容易出现性格缺陷。美国耶鲁大学阿尔伯特说："离婚是威胁 20 世纪 80 年代儿童的最严重和最复杂的精神危机之一。"家庭是孩子个性培养的大熔炉，单亲父母各自抱着遗弃孩子，或补偿孩子的心理，影响孩子心理的正常发展，成为孩子心中不愿揭开的伤痛。

那么，夫妻离婚之后，如何才能最低限度地减轻对孩子的伤害呢？

①不要在子女面前指责配偶，不要相互怨恨对方。一段婚姻结束后，夫妻双方始终无法摆脱当初被伤害的阴影，而在子女面前继续怨恨对方，相互指责对方。因此，离婚的父母应该努力克制自己的愤怒，尽量不互相埋怨，这是送给孩子的最好礼物。

②单亲家庭的父母，要多给孩子当家做主的机会，让他们多为父母分忧解难，这会让他们很快成熟起来。

③继父母应当将管教的工作留给生身父母，因为每个人管教孩子的方式都是不同的，继父母进入该家庭后，会想用新的规则和手段来管教继子女，这样做孩子不仅不适应，甚至会怨恨。

④让孩子知道父母双方的电话，加强与非监护方的父子或母子关系。多数孩子都认为，不享有监护权的父亲或母亲，对其生活有重要的意义。如果孩子与不享有监护权的父亲或母亲保持一种良好的关系，有助于孩子健康人格的形成。

⑤父母应注意调动亲戚、朋友中的性别资源，给孩子以适当的影响，以保证男孩的阳刚之气和女孩的阴柔之美，以免造成两性角色上心理与行为的偏差。如果是单身母亲带男孩，应该尽量地融入到娘家或原夫家的大家庭中，从孩子的舅舅或叔叔身上感受男性的力量。

⑥不要在离婚后故意拉拢孩子以打击对方。这种苟延残喘、喋喋不休的愤怒是对孩子最大的伤害。

稳定的婚姻是孩子个性发展的基础。离异或由于其他原因造成的单亲家庭，容易使孩子因缺乏安全感，而产生焦虑情绪，但这并非是造成孩子不幸的原因。离婚后父母的教养方式是否科学合理，则是孩子能否健康成长的关键所在。事实证明，只要父亲或母亲具有积极、乐观的心态，科学的教育方式，单亲家庭的孩子，同样可以健康成长。

3. 父母对管教子女的认知不足

如今，"四二一"式的家庭结构让孩子们的地位变得无与伦比的高，溺爱由此产生。十有八九的父母把自己的孩子当成"小太阳""小皇帝""小公主"来对待，总觉得这样才是爱孩子，其实这是父母对管教子女的认识不足。等到孩子表现出诸多不良后果时，才发现，这种溺爱除了表达父母的慈心善意之外，实在没有给孩子的成长带来任何有益的影响。

孩子是爱的结晶，热爱自己的孩子是人的天性。中国许多父母对孩子的爱不可谓不深，情不可谓不真："我愿为你牺牲一切。"

这种不顾一切的溺爱有时会把孩子变成好逸恶劳的败家子，但大多数的父母却对自己过分溺爱的行为毫无察觉。那么，溺爱有哪些表现呢？

（1）轻易满足

轻易满足孩子的要求，孩子就无法体会父母的辛苦付出，不会忍耐，也没有吃苦精神。而等待和忍耐正是孩子日后成功的必备品质。

（2）害怕哭闹

很多父母对孩子的哭闹没有办法，精明的孩子便拿哭闹作为达到目的的武器。父母要让孩子知道哭闹是没有用的，可以用"态度冷漠"来应对孩子，孩子最怕的就是父母不爱他。孩子哭闹时不要打他，这会强化他的行为。

（3）包办代替

作为家长，我们极不应该事事包办代替，即便孩子做不好，也应该放手让孩子去做。有的时候形式比事情的结果更重要。

（4）小病大惊

一旦孩子有一点点小病小痛，家长就会失去镇静。这样不但不能减轻孩子身体上的痛苦，反而会让孩子也跟着恐慌起来。因此，应当教育孩子在遇到困难时勇敢、从容地面对。

（5）没有家规

家里没有一定之规，孩子生活懒散、惰怠，好习惯没有建立起来，坏习惯却根深蒂固，很难得到纠正。而且日后纠正更是难上加难。

（6）乞求央告

有时，家长被孩子的哭闹彻底打败，反过来乞求、讨好孩子。一旦乞求央告，就是宣告教育失败。

（7）特殊待遇

作为家庭成员，其地位应该是平等的，没道理孩子应该高人一等。可有的家长给孩子吃独食、做独生日，使其充满优越感，变得自私、没同情心，不会关心别人。

（8）过分注意

由于家长的过分注意，孩子常常无所适从，不仅其主动性会受到伤害，而且会更加以自我为中心，没人关注他就搞恶作剧。

（9）剥夺独立

很多孩子进入幼儿园后分离焦虑很严重，很大程度是由于家长剥夺了他们独立的机会，导致其缺乏应有的自信心和能力，不知如何处理在集体中发生的事情。

（10）当面袒护

当老师或是其他人指出孩子的缺点时，父母非但不让孩子面对，反而袒护孩子。这样会让孩子缺乏是非感，下次仍不去改正自己的缺点，而是寻求保护伞。

俗话说："溺子如杀子"。溺爱孩子的危害是不言而喻的。溺爱孩子并不是爱孩子，而是把孩子"往火坑里推"。很多悲惨的教训提醒我们：超过限度的溺爱会让孩子丧失了辨别是非的能力甚至是生活能力。父母需要热爱孩子，但要爱中有教，把教育与热爱相融合。

有一个校风很好的学校选出了一批成绩较好的一二年级学生去参加一个夏令营活动。

在路途中，学生们还没有走到 200 米，就有学生说自己走不动了，要休息，老师没办法只好叫学生们休息，做午饭，午饭做好后，老师们已盛好了饭，坐在草地准备吃时，发现学生们个个都看着他们。

老师奇怪地问他们怎么不盛饭吃，得到的回答却是："在家里爸爸妈妈在我们每次吃饭之前就已给我们盛好了饭，我们只管吃，不会盛饭。"老师们只好给他们一个又一个地盛饭。

可见，大多数孩子在成长过程中，不会独立生活。虽说父母之爱是伟大的，令人敬佩的，可是这样的溺爱，最终会害了孩子。所以请天下父母收起这份对孩子的溺爱，增加对孩子的磨炼与独立性的培养，让孩子们成为祖国真正的栋梁之材！

4. 父母对教育认知的缺乏

父母对每个孩子都要平等对待。

为什么同一个家庭的孩子个性有所不同，这不仅是孩子的遗传因素不同，更重要的是父母对不同子女的教养态度也是不同的，孩子会因在家庭中的性别、出生顺序和体型的不同，而受到父母亲的不同对待。

有一对同卵双生的双胞胎，他们在相同的环境中长大，遗传素质的差异也极小，但姐姐好交际，也较勇敢、果断、主动，而妹妹却被动、缺乏主见、易受暗示。这就是由于长期以来父母认定姐姐为负责人，一直责成姐姐照顾妹妹，而使两人在家庭中扮演的角色不同所致。

在家庭中，长兄为父，长子一出生便得到了父母的关注，并从小要照顾弟妹，因此，上进心强，责任感强，十分勤奋，努力工作，懂事，理财能力强。福建省福安市的民间有一句俗语："娶老婆要娶人家家中的大女儿"说的就是这个道理。家中次女往往自卑。原因是现在计划生育很严，如果家中第一个生了个女孩，父母便希望第二个是男孩子，如果又是女孩，父母就会比较失望，容易忽视她，而使她从小就有种被抛弃的感觉。

最小的孩子既有父母宠爱，又有兄姐关照，要不是懦弱，依赖性强；就是从小放纵骄横，也可能压力不大，无人管教而和谐发展，更能成才。总之，孩子的行序不同，导致父母的管教方式，孩子的个性也不尽相同。因此，做父母的应该对每个孩子都一视同仁，不能忽视某个孩子。父母不懂教育是影响青少年塑造品格的重要因素。

5. 父母对人性的尊重不够

皮亚杰说，孩子的智力和心理发展有一些不移的阶段，这些阶段所处的年龄跨度和发展顺序是人力无法改变的。每个孩子都是有生命的个体，有自己的的意志和精神。它的成长是一个自我生长的过程，任何别的人都是无法代劳的，任何外部环境都不能彻底改变它。我们只能尽量提供好的条件和环境，以此来满足它，顺应它，引导它，发展它。

教育不是强行把一些能力从外面放到人这个容器里面去，这些能力在人性中本来就已经存在了。教育只是提供一个良好的环境，让孩子自然简单地生长。最好的教育方式是无为而无所不为，不教而教。

这并不意味着让父母放弃对孩子的培养，放任自流，而是给孩子更多的自由发展的空间和时间。

第二节　学校环境

1. 同学之间的影响

在现代家庭教育中，我们常常会看到这样的情况：很多家长长期对孩子娇生惯养，对孩子保护过度，甚至反对或禁止孩子参加集体活动。结果，孩子变得非常任性，孤僻，不喜欢与同学交往，喜欢独来独往。这样的孩子以后很难与人合作，也很难融入社会、适应社会。

更有许多家长生怕自己的孩子在学校"吃亏"，便要求孩子不要与其他小朋友来往，这样做表面上似乎是爱孩子，实际上却使孩子无法得到群体生活的锻炼，势必会影响孩子的健康成长。

孩子需要集体的温暖，家长应该鼓励孩子积极参加有益的集体活动。从小生活在同龄人的群体中，孩子们会逐步学会怎么生活，怎么相处，怎么玩耍。

鼓励孩子积极参加集体活动不但可以培养他们的参与意识、合作意识和团队精神，也能锻炼他们的组织能力、交际能力，让孩子变得快乐而不孤独，因而拥有一个健全的性格。

鼓励孩子参加各种各样的集体活动，有利于孩子们逐渐树立起集体观念。孩子与集体有机地结合起来，便学会处理个人与集体的关系，在集体中找到并摆正自己的位置。同时，孩子还能够认识到自己在集体中的作用，锻炼自己与人合作、自觉遵守纪律的意志。

丰富多彩的集体活动，也会让孩子们扩大知识领域，发展才能，培养兴趣爱好和特长。此外，现代社会，竞争越来越激烈，鼓励孩子积极参加集体活动还可以锻炼他们的反应能力和抗挫折能力，使孩子积极向上。这对孩子未来的成长和成功有着非常重要的意义。

事实证明，参加集体活动对孩子的成长非常重要：

晨晨是家中的独生女，平时，父母对这个宝贝女儿关爱有加，生怕她有什么三长两短。因此，他们总是不让她参加什么集体活动，而是守护着她，让她在眼皮子底下成长。

结果，晨晨总是沉默寡言、孤僻、害怕见陌生人，在家却爱哭闹、爱捣乱、爱逞能、爱惹是生非。平时，家里来了客人，晨晨就胆小地躲起来，爸爸妈妈喊她出来，她也不理会。在幼儿园，别的小朋友在一起玩时，她总是自己一个人玩，很少和其他小朋友一起玩游戏，除了那些老师要求每个人都要参加的活动。

等上了小学以后，除了上课时间，她就不愿再和其他同学在一起了。班级活动根本就不会参加。对于班上的体育比赛，班级组织的参观活动、夏令营，等等，晨晨的父母总是找借口给她推掉。

晨晨的老师多次和她父母说："晨晨学习很认真，但就是不爱参加集体活动，这对孩子的成长非常不利。"慢慢地，父母也发现了女儿在成长中出现了问题，就开始鼓励她参加集体活动了。一有机会，他们就让晨晨参加各种比赛，如作文、数学、跳绳、美术、板报设计、拔河等竞赛。如果晨晨在这些比赛中得奖，他们都欢天喜地地把奖状加以保管，给予极高的精神鼓励，希望她向高层次进军。

渐渐地，晨晨俨然变了一个人，以前的坏毛病几乎不存在了。她变听话了，也变活泼、开朗、胆大了。交际能力和语言表达能力也大大提高了。更重要的是，晨晨的知识范围也扩大了，从集体活动中，她学到了很多有趣的东西。

从此，晨晨的生活多了一份快乐，多了一些笑声。

可见，孩子只有在集体活动中才能更好地成长。因此，父母应该鼓励孩子参加丰富多彩的有益的集体活动。学习成绩好的孩子并不一定就能成才，在学习和生活中不断提高各种能力才是关键。能力的提高是在孩子参加各种活动，特别是与人合作的集体活动中锻炼出来的。

据调查显示，大多数孩子存在脾气大、任性、缺乏竞争意识和交际能力、与人合作能力差等心理品质上的缺点。而如今又是个科学技术日新月异、竞争十分激烈的时代，科学技术的发展已经超越了单独作战的时代，很多研究课题都需要多学科、多人共同协作攻关，只有具备集体合作能力的人才能在事业上在社会上立于不败之地。

很多教育专家指出，集体和集体活动能够培养有社会价值的、符合社会要求的个人，同时最大限度地保存人的个性，为个性的全面发展创造条件。可见，集体对孩子的教育力量是无穷的，只有让孩子走进集体，融入集体，孩子才能感受到集体带来的快乐和温暖。

那么，家长如何采取行之有效的方法鼓励孩子参加集体活动呢？你不妨试试以下方法：

（1）发挥荣誉的激励作用

孩子在集体活动中的点滴进步和突出表现，家长都要给予肯定，如："囡囡在今天的活动中帮助了妮妮，我们要向她学习。""亮亮，你今天表演真棒！""刚刚，今天表现得有进步，下次活动肯定更好。"类似这样的鼓励性语言是孩子参加集体活动的无形动力，所以，我们不要放掉任何一个表扬、鼓励的机会。

（2）为孩子创造共同活动、共同体验的环境

家长可以通过提供必要的玩具、游戏材料、空间与时间，让孩子与亲朋邻里间的孩子游戏交往，鼓励他们参与社会及幼儿园组织的各种类型的集体活动。也可以利用节日游园、郊游、踏青、参观

游览、走亲访友、演出比赛等机会，有意识地安排孩子与集体频繁接触，提高孩子的参与热情。

（3）要诱导孩子在集体活动中发挥主动性

要了解孩子的心理需求，根据他们的能力、爱好、兴趣组织集体活动，发挥同伴间的鼓励作用，用掌声等增添孩子的自信。给孩子提供发挥特长、帮助别人、服务集体的机会。了解孩子在集体活动中的困难，给予帮助，例如，家长可在家帮助孩子练习；条件不充分的，家长可帮助孩子准备，使其变被动为主动。

（4）帮助孩子建立友情，培养合作能力

平时，家长可以在家中开展合作游戏。比如"两人三足"、下棋等，使孩子懂得有些事要大家合作才能完成；也可让孩子自己找朋友，从跟他喜欢的伙伴共同参与逐步过渡到大家共同活动，用同伴的热情与积极性感染孩子。

最后，让我们都来做一个称职的家长，鼓励孩子积极参与各种有益的集体活动吧。这样，我们的宝贝才能在集体的温暖中健康、愉快地成长。

2. 全面发展的重要

人的全面发展究竟有几面？马克思并没有给出完整的答案。对此各国有各国的理解和表述，我国对人的全面发展的理解也是不断发展变化的：从最初的德智体的"三要素说"，到德智体美的"四要素说"，再到德智体美劳的"五要素说"。这种变化是时代的进步。

然而，对人的全面发展的研究并不就此止步。近年来，出现了情商、逆商、悟商、财商、健商等新的名词，尤其是情商、财商等观点还得到了广大群众的普遍认同。心理学研究也表明，一个人的基本素质除包括德智体美劳外，还应该包括人的个性心理品质，也就是人的性格的发展。

也就是说，在德育、智育、体育、美育、劳动教育五个方面外，将智育分为知识的传授和智力的培养两个要素，因为智力的培养和知识的学习并不同步，智力的培养关键期在孩子学龄前，而孩子接受知识却在学龄后，还提出应增加人的个性（性格）这个重要因素，即人的心理健康。

3. 教师的公平对待

由于受应试教育的影响，学校考查教师往往以学生的成绩为标准，所以一些教师的心里就自然把学生分成两类，即好生与差生。

教师对他们的情感和态度也会不自觉地发生改变，并把这种情感与态度扩展到学习以外的领域，长期如此，学习好的学生就会觉得自己什么都比别人强，滋生骄傲的情绪；而学习差的学生，由于老师和同学对自己的态度就会变得越来越没有自信，认为自己什么都不如别人、什么都做不好，这样就会形成恶性循环，很不利于学生的健康成长。

有时老师的一句话可能让学生受益一生，有时也可能由于老师一些不公正的做法而影响学生的性格，甚至影响学生的一生。因此，教师必须认识到自己的责任，在教育过程中要公平公正地对待每一位学生。

4. 课程的内容设计

（1）课程设置的整体方案模式单一，缺乏灵活性

多年来，我国中小学的课程，从课程设置、课程标准、教学大纲、教材一直到各年级各学科的教学时数、教学进度都是由国家统一规定的。

应当肯定，这对保证学校基本教学质量具有根本的意义。但是，统得过多过死，缺乏一定的灵活性，严重脱离了中国各地经济文化发展极不平衡的实际，极不适应社会主义经济建设，特别是农村经济发展的需要。同时，也不利于儿童、青少年个性的发展。

（2）课程结构配比不合理

存在重理轻文的倾向，且内容偏难、偏深，教学要求偏高升学招生理科人数大于文科，这是社会人才需求量的一种合理配比，本不应成为学校课程设置上重理轻文的依据。

加之受传统思想的影响，现行中小学课程明显带有重理轻文的倾向，反映科学思想、科学方法和科学发展史的人文知识内容较少，文科课程相对薄弱。

另外，中小学主要学科如数学、物理、化学等教学大纲虽然几经调整，但仍然存在内容偏多、要求偏高的现象。

（3）课程内容重认知，轻实践

中小学课程的设置及其内容偏重于基础理论知识的教学，忽视了学生实际动手能力和生产劳动技能的培养，使得学生普遍缺乏现代生活和现代生产所需的基本知识和技能，导致一部分不能升学的中学毕业生到社会中去自行"碰撞"，往往眼高手低不会做事，并成为严重的社会问题。

（4）学科课程之间相互独立，缺乏横向渗透

中小学课程设置以学科设置为主，这种分科教学是从本学科的角度去考察客观现实的现象和本质，容易养成学生把事物和过程孤立起来观察和思考的习惯，不利于他们多角度思维和创新意识的形成。

特别是德育方面的课程，如果与其他学科独立出来，对青少年的品格培养是没有好处的。因为德育要体现在教育的每一个环节中，从细节中不断培养孩子的良好品格。

5. 学校的管理制度

在学校管理理论研究与实践活动中，制度是大家耳熟能详的字

眼。包括学校教学工作管理制度、师生员工管理制度、行政工作管理制度等在内的制度体系保证了学校有序地运行。

如果学校的管理制度中出现品格要求，会成为塑造青少年品格的积极因素。通过各种规章制度、规范守则约束学校内部成员的行为，使其有所为，有所不为。一定意义上，制度满足了组织有效运行的要求，在学校管理中发挥了巨大的作用。

第三节　社会环境

1. 法律法规的限制

法律意识是社会意识的一种形式，它同人们的世界观、伦理道德观等有密切联系，并具有强烈的阶级性。

青少年是一个从年龄上讲横跨少年和成年的群体，他们既有青年人的朝气，又有少年的稚气。他们一方面思维逐步走向成熟，另一方面充满青春的躁动和思想的波动。他们渴望了解和认识这个丰富多彩然而纷繁芜杂的大千世界，也渴望融入社会并得到社会的理解。他们对世界因好奇而不免有时盲从、盲动。

外界隐藏在美丽外表下的诱惑，社会转型时期产生的各种阴暗现象，常常使他们在困惑、迷惑中随波逐流，甚至于在不知不觉中受到伤害。

那么，如何去引导和规范青少年的思想和行为，提供维护他们合法权利的方式、方法？培养他们对法律规范的内在信仰从而自觉遵守，遏制住日益严重的青少年违法犯罪及针对青少年的犯罪？对青少年法律意识的培养是我们解决这一问题的有效举措。

具体来说，培养青少年法律意识的重要意义表现在以下几个方面。

（1）教育意义

对青少年开展法制教育，即培养青少年的法律意识，主要是通过传授必要的基础法律知识，使青少年充分认识依法治国，建设社会主义法治国家，加强民主法制建设的重要性、必要性、艰巨性和长期性。

让学生掌握马克思主义法学的基本观点，了解和认识有中国特色社会主义的法律体系，掌握我国宪法和基本法律的主要精神和内容，增强法制观念和社会责任感，正确行使权利和履行义务，做到严格守法，主动用法，自觉护法。

18 世纪法国著名启蒙思想家、法国大革命的思想先驱孟德斯鸠说："自由就是有权去做法律所允许的事。"懂得这些，才能使他们把提高法律意识从自在的行为变为自觉的行为，从而意识到法律在现代社会中的重要性，并把法律当成日常生活中的一部分，造就一代守法公民。

（2）导向意义

法律的制定就是为了规范人们的行为，调节人们相互之间的社会关系，如果人们的法律意识水平处在较低的层次上，法律就不可能得到很好的贯彻和实施，即使在实施过程中，也会因此而增加法律的实施成本。

青少年的法律意识水平与法律实施的关联程度较大，如果青少年能有较高水平的法律意识，这对法律的实施无疑会有很大的促进作用，进而带动和促进全体社会公众对法律实施的支持。

（3）规范意义

制定法律的目的就是以法律这样一种特殊的行为规范来规范人们的行为，以法律来调整习俗、道德和政策等行为规范。这就是法律法规对塑造青少年品格的正面影响。

早在春秋时期，著名的政治家管仲就主张"法是衡量人们有罪无罪的标准"，法律这一目的的实现除依赖国家强制力外，还必须依赖社会公众法律意识的普遍提高。因为国家强制力仅仅是外部力量，而法律意识则是实现法律目的的内在动力。

根据马克思主义的普遍原理，内因是在事物的发展过程中起决定性作用的因素。当代青少年现代法律意识的构建可以使他们自觉按照法律所体现的广大人民的意志去规范自己的言行。

2. 社会潮流的推动

所谓时代潮流就是社会历史发展的总趋势，即社会历史从何处发展而来，今天到了什么地步，明天将要发展到何处去。

历史的发展是有规律的，是不以任何人的意志为转移的。虽然历史现象错综复杂，有种种偶然因素影响历史进程，历史的发展曲曲折折，有缓慢渐进时期，也有迅速转变时期，但其总的趋势是不会改变的。

对时代潮流，我们到底怎样才能认清和顺应呢？这是比较困难的问题。一个人生下来，首先碰到的是他生前就已具备的历史条件，这些既成条件不是这个人所能自由选择的。但社会潮流自然蕴藏着道德价值和底线，是否随从看他的道德判断。人们或随波逐流，或是能够乘风破浪，或消失或崛起，取决于能否有活的、生命性的道德塑造。

不同的历史阶段有不同的历史条件，具有不同的历史任务。一个人在这特定的历史"舞台"上活动，只能提出和解决当时社会发展的任务。

因此，所谓认清和顺应时代潮流，就是认清自己所处的历史阶段、所具备的历史条件和所面临的历史任务，并终身为实现这个历史任务而奋斗，使自己的活动符合社会前进的要求，与历史发展的趋势相一致。

第四节　自身因素

1. 心态的调整

认识事物的根源并非该事物的本身，而是我们自己对事物的信念、评价与解释。即：一切的根源不是事物的本身，而是有权对该事物做出不同评价的我们自己。

我们无法改变这个世界，但我们可以改变对这个世界的想法，我们无法改变一个人的性格，但我们可以改变对一个人的态度。

积极的心态会带给你积极的人生。一个人有什么样的精神状态就会产生什么样的生活现实。只要你心态良好，坚信自己能很圆满地完成工作，你就会自信，而你经常这样想，并有意识地去做到最好的话，你的人生就会成功。

所以当一个人越懂得如何做人的时候，他就会越觉得，只要自己努力就一定能成功。除了自己，没有人能打败你。在这个现实的社会，道德高尚之人不一定被欣赏、受尊重，但自己需要坚定、乐观的心态，不轻易放弃。也许你会在看到一些人因放弃自己的道德底线而获得暂时的经济效益后动心，但是作为青少年一定要时刻提醒自己，要坚定信念，守住底线，用正确的方式获得成功。

2. 情绪的控制

你有什么样的感觉，就有什么样的生活。一个人的情绪可能是他真正的主人，要么是你掌控命运，要么是命运掌控你。而你的情绪将决定谁是掌控者，谁是被掌控者。

悲观的人，先被自己打败，然后才被生活打败；乐观的人，先战胜自己，然后才战胜生活。这就是情绪的威力。

人生成功的秘诀就在于懂得如何控制情绪，同时又不被情绪所反制。能做到这点，才有可能主宰自己的人生。反之，你的人生就难以掌控。

《三国演义》中的刘备，因为东吴夺取了荆州，并杀害了他的结拜兄弟关羽，于是一怒之下发动了对东吴的战争。刘备率战将百员，御驾亲征。东吴起用陆逊为大都督，抵御刘备。陆逊以柔克刚，后发制人，火烧蜀军营盘700里，刘备70余万人马被杀得大败而归。

刘备一生做事谨慎，但就是这一次冲动，成为了他人生中最大的败笔。显然，如果刘备能控制自己的情绪，三国的历史将被改写。

"上帝要毁灭一个人，必先使他疯狂。"英国诗人约翰·米尔顿说："一个人如果能够控制自己的情绪、欲望和恐惧，那他就胜过国王。"拿破仑·希尔也说："一个人除非先控制了自己，否则他将无

169

法控制别人。"

一个让情绪随意爆发而不能自控的人，一定是与成大事无缘的。因为人在愤怒的一瞬间，智商是零，冲动的时候，很有可能将道德扔在背后。所以，我们必须认识到，弱者（包括道德方面）之所以成为弱者，是因为他们任由情绪控制自己的行为。而强者（包括道德层面）之所以成为强者，是因为他们让行为来控制情绪。引领情绪转向内在体验成为情感，合之道德升华为情操，若是可行就成为合宜之路了。放任情绪等于是放弃自我塑造。

3. 情感的丰富

俗话说："三分做事七分做人。"教人做事之前要先教怎么做人。怎样对学生进行做人教育，我认为应该从丰富学生情感开始。俗话说：劝慰别人使之信服，要动之以情，晓之以理。要晓之以理首先要动之以情，可见情感教育的重要性。另外，现在的学生道德情感缺失也是无法回避的一个现状。

例如，现在的学生有几个不知道自己的生日的，又有几个记得住父母生日的。他们都在打算着自己过生日时怎样海吃，怎样疯玩。而在父母过生日时连一句问候都没有。

因为他们不知道关心家人是他们的责任。他们的家庭作业只能在父母的监督下完成，还指望着父母检查。错题没查出来，到了学校挨了批，又要怪家长不仔细。他不知道检查作业是自己的责任。

学校应该成为孩子道德情感的培养基地，教师应该是学生道德情感的陶冶者。学校建设在重视物质环境等硬件设施之余，还应重视文化环境的建设，让学生在耳濡目染中自觉提高道德认识，丰富道德情感。

4. 心智的提升

人生是提升心智的过程。人生只是宇宙造物主赐给人类用来提升心智的修炼场，别无其他。而我们眼前这一世所经历的全数体验，也都是宇宙造物主为了塑造我们的人格，利用种种不同的道具给予我们的训练而已。

例如，我们所熟知的海伦·凯勒，身上背负着"盲、聋、哑"三重痛苦，照理说，她如果因此埋怨父母、命运、甚至上帝都不为过。或许拥有和她一样遭遇的人之中，也会有这样的悲鸣："我又不曾做过坏事，为何会遭此厄运？"甚至因此含恨、抑郁而终。

但是，海伦·凯勒却在该怨恨的时候，完美地战胜了考验，并且用更大的爱心去照顾那些比自己更不幸的人，从而塑造出伟大而完美的人格。

宇宙的造物主将种种考验加诸在人类身上，然后观察他们如何面对考验、提升自己的心智、净化自己的意念，以此作为提升道德修养之基础。就此点而言，人生可以说是专门为心的修行而设置的环境。

5. 心灵的升华

心，是一切的始源，心灵的升华是一个过程，选择好方向、用行动不断努力前进，获得你想要的人生！

（1）你若盛开，蝴蝶自来

把买十件衣服的钱拿来买一件衣服，你的衣柜就经典了；把做十件事的精力拿来做一件事情，你的事业就经典了；把零乱的情感聚集在一个人身上，你的爱情就经典了；生活的现实告诉女人：你若把自己经营成女皇，自然吸引来高帅富；你若把自己经营成妖精，自然吸引来流氓。你若盛开，蝴蝶自来！

（2）别低头，王冠会掉；别流泪，坏人会笑

总不能流血就喊痛，怕黑就开灯，想念就联系，疲意就放空，被孤立就讨好，脆弱就想家，不要被现在而蒙蔽双眼，终究是要长大，最漆黑的那段路终要自己走完。现在的这些那些也将会被时间抛在脑后，所以不要害怕，生活的变化总是很多，人要向前看，要活的比从前好，别再低头。

（3）为梦想去安静努力

如果你要做一件事，请不要炫耀，也不要宣扬，只管安安静静地做，因为那是你自己的事，别人不知道你的情况，也不可能帮你实现梦想。

千万不要因为虚荣心而炫耀，也不要因为别人的一句评价而放弃自己的梦想。其实最好的状态，是坚持自己的梦想，听听前辈的建议，少错几步。值不值，时间是最好的证明。

（4）学会给心灵松绑

有时候，我们活得很累，并非生活过于刻薄，而是我们太容易被外界的氛围感染，被他人的情绪左右。行走在人群中，我们总是感觉有无数穿心掠肺的目光，有很多飞短流长的冷言，最终乱了心神，渐渐被缚于自己编织的一团乱麻中。其实你是活给自己看的，没有多少人能够把你留在心上。

（5）别将自己活成曾经最讨厌的模样

碰到一点儿压力就把自己变成不堪重负的样子，碰到一点儿不确定性就把前途描摹成黯淡无光的样子，碰到一点不开心就把它弄得似乎是自己这辈子最黑暗的时候，大概都只是为自己放弃明天而寻找的最拙劣的借口。

总之，请记住旧约《箴言》书的提醒：要保守心胜过保守一切，因为人一生的果效皆由心发出。即让心成长，能够带来个性、心智、道德趋向成熟，意味着全人的成长。

第五节　文化思潮

1. 传统媒体冲击

传统媒体是相对于近几年兴起的网络媒体而言的，以传统的大众传播方式即通过某种机械装置定期向社会公众发布信息或提供教育娱乐的交流活动的媒体，包括电视、报刊、广播三种传统媒体。

今天渐渐发现文化在变味、逐步走向肤浅，个人的英雄主义（复仇主义）替代了伸张正义，色情镜头成了爱情。娱乐性吸引人眼球占了主流，收视率成为基本功，道德教育慢慢退出历史舞台。

2. 网络传播

网络媒体以其自身的传播优势，不可避免地对传统媒体造成了巨大冲击。网络将世界联成一体，真正成为一个地球村。面对屏幕，整个世界如同搬进了你的家，没有距离感，突破了时空限制，你可以从网站上获取全球任何一个角落的信息。国人许多时间只是花费在上面游戏，浏览一些满足私欲、情欲的东西。真可谓：网络一日千里，道德却一落千丈。

如果你现在想知道一则美国网站新闻，只需几秒钟就能获得。网络媒体让你想知道什么就知道什么，想什么时候知道就什么时候知道；而传统媒体则是让你知道什么，你才能知道什么，让你什么时候知道，你才能什么时候知道。这种差别是明显的，它将大大削弱人们对传统媒体的依赖而使受众纷纷投向网络的怀抱。网络信息的丰富与强大吸引力，似乎让人们没空闲也没兴趣顾及传统道德。

3. 风俗影响

风俗是特定社会文化区域内历代人们共同遵守的行为模式或规

范。人们往往将由自然条件的不同而造成的行为规范差异，称之为"风"；而将由社会文化的差异所造成的行为规则之不同，称之为"俗"。

所谓"百里不同风，千里不同俗"正恰当地反映了风俗因地而异的特点。风俗是一种社会传统，某些当时流行的时尚、习俗、久而久之的变迁，原有风俗中不适宜的部分，也会随着历史条件的变化而改变，所谓"移风易俗"正是这一含义。

风俗是由一种历史形成的，它对社会成员有一种非常强烈的行为制约作用。风俗是社会道德与法律的基础和相辅部分。

比如，中国的传统节日形式多样，内容丰富。它是我们中华民族悠久的历史文化的长期积淀。

主流文化具备影响道德之力，因此时有傲视群芳之举，甚至以为可以代替良心、道德。某些次文化与其风俗可能更甚，其中出现违背道德现象，无法融进普世性道德规范。

第六章　如何塑造品格

有的人孤僻高傲，怀才不遇；有的人锋芒毕露，挫折不断；有的人大智若愚，青云直上；有的人热情大度，生活快乐；有的人刻意求全，郁郁寡欢，甚至家庭破裂；等等。这一切都与一个人的品格有直接关系，所以良好的品格是成功和成才的基础。

那么，如何塑造良好的品格呢？

第一节　发现品格

古代有一个《西邻教子》的故事，说："西邻五子，一子朴，一子敏，一子盲，一子偻，一子跛。乃使朴者农，敏者贾，盲者卜，偻者绩，跛者纺，故五子皆不患衣食焉。"

这是什么意思呢？

就是说，西边的邻居家有五个儿子，一个性情朴实，为人敦厚；一个聪明伶俐，精明能干；一个是盲人，一个是天生的驼背，直不起腰来；一个是瘸子，行走不便。老大敦厚朴实，就教他务农；老二聪明伶俐，精明能干，就发挥他的特长，教他经商做买卖；老三是个盲人，干不了别的，就教他学算卦；老四天生是个驼背，直不起腰来，正好就教他学织布；老五是个瘸子，腿脚有残疾，走路不方便，就教他坐在那里学纺线。每个子女都各得其所，掌握了适合他们自身条件的营生，都能自力更生，丰衣足食，不用父母操心。

这个故事告诉我们，要根据子女的不同特点，从子女的实际出发，扬长避短，因材施教，教给他们不同的谋生手段，这样能使每个孩子都可以成才。

谭嗣同说："骏马能历险，犁田不如牛；坚车能载重，渡河不如舟。"每个孩子都有自己的优点和缺点，教育就是要找到每个孩子的长处加以培养，使孩子的潜力得到充分地发挥，并把这个长处培养成孩子将来就业的着眼点，人的品格教育可能类似。

人生可以有很多优秀的品格，如：

（1）慷慨

用心管理自己的资源，并且能大方地与需要者分享。任何一个人都可以把自己不要的东西捐赠给别人，而真正的慷慨却是把自己最珍爱的东西给予别人。

（2）仁爱

满足他人基本需求，不求回报。当仁爱填满了一个人的灵魂，我们就算身处贫寒，也一样富有。当真正以仁爱待人的时候，这爱不仅使我们变成一个全新的人，也使我们所爱的人得到完全的改变。

（3）勤奋

全力以赴完成别人所交代的任务。你能否在世界上找出一个独一无二的人，别人没有经历太多的努力就达到了个人事业的巅峰，我想你不能。

（4）顺服

迅速、愉快地执行领导者的意愿与指示。如果你想生活得称心如意，就做应该做的事，而不要随心所欲。

（5）坚忍

坚韧不拔是一种内在的刚毅，它能使我们克服或忍受艰苦、挫败、困难和痛楚。勇气、开朗、耐心、毅力和健康的自信代表了坚韧不拔的各个方面。

由于每个人的生长环境、家庭背景、天赋潜能、优势智力的不同，导致每个孩子都有着不同的认知特征、兴趣爱好、愿望需求、价值取向和创造潜能，从而构成了千差万别的独特的个体。

有人智力好，有人个性强，有人身体棒，有人品德好。每个孩子都是独特的和唯一的，都有自己的长处和短处。教育就是注重孩子的个性差异，尊重每一个孩子在智力、兴趣、社会背景、能力等方面呈现出各种各样的差异，发展孩子的特长，张扬孩子的个性。

针对不同资质的孩子要实行不同的培养方法。天资一般的孩子，父母可以在促进发展的基本面的同时，找准其最优发展点，促进其一个或几个方面的特别发展，培养成"专才"；天资较好的孩子，父母可以促进其各个方面的发展，培养成"通才"；天资很好的孩子，父母可以促进其各个方面的发展，在此基础上，再促进一个或几个方面的特别发展，培养成"全才"。照此发现孩子的个性、品格，并使之成为他道德的发展基础。

当然，不仅是父母需要发现孩子的品格，更多还需要让青少年发现自己及他人的品格，以便更好成长。

第二节　记录行为

曾有人说过："当孩子表现良好时，要用赞美来强化这种行为。"

在教育孩子成长的过程中，如何通过正面反馈，引导孩子摒弃一些有偏差的行为方式，并帮助孩子逐渐形成自我价值感和荣誉感。目前正在使用的一种工具就是"表格记录法"。

"表格记录法"的好处在于：它可以让家长和孩子同时清楚地看到在哪些方面有待改善，在哪些方面已取得进步，使双方有更积极的互动。

我们为孩子设计了一张样表，如表1所示。表中列出了9项行为。

表1　　　　　　　　　　　　一周表现评分表

××月××日—××月××日

孩子表现	星期一	星期二	星期三	星期四	星期五	星期六	星期日
自觉按时起床，按时上学							
礼貌、微笑待人							
听课、自学的投入							
向父母汇报学习、情绪、人际状况							
合理处理游戏（娱乐）与作业							
自己该完成的生活责任							
主动帮助他人的勇气							
不挑食、不厌食							
晚上按时睡觉							

这是我们希望孩子在近期能够做到或改进的行为，让其每天自评，如果做到了或是进步，就在表上相应的位置做记录，并且每个星期统计一次。

可以对表中列举的行为内容做阶段性调整。当执行这个评分计划几个星期以后，家长可以对照每周每项行为的变化，来了解到孩子是否在某些方面取得了进步或是仍然未曾改善。

对于已取得较大进步的行为，可以在设计新一阶段表格的时候删除，再增加几项家长觉得孩子也需要改进的行为。这样的阶段性调整会使得孩子在各个方面都有所进步，而且是以一种循序渐进的方式达成目标。

第三节　反思自我

在这个世界上，没有完美的人，任何人身上都会有瑕疵。留一只眼睛给自己，常常反省自己，反思自己的道德、学问和行为。一个人之所以能够不断地进步就在于他能够不断地自我反省，找到自身的缺点或者做的不好的地方，然后加以改正，以追求完美的态度去做事，从而取得进步。

中科院心理所王极盛教授的调查结果认为，2/3 的父母教育方法不当。

他把父母的教养方式分为四类：过分保护型（30%）、过分干涉型（30%）、严厉惩罚型（7%）和温暖理解民主型（30%）。前三种教养方式都不是培养孩子优良性格的方法，它们都会导致孩子丧失个性和创造性，但比例却高达70%。

甚至有父母采取体罚的办法来强迫孩子放弃应该享受的童趣与欢乐，坐在书桌前死记硬背。这样即使能帮孩子取得了一定的成绩，却严重损害了孩子的自尊心。

在校看成绩，社会拼实力。孩子的未来与希望，并不是靠智力，它更大程度上靠的是品格。教育孩子的目的不是培养考试机器，而是培养心智健全，自我实现的人。因此，教育孩子要以孩子的全面发展为本，孩子的成长永远比分数重要。

第四节　培养习惯

英国作家萨克莱曾说过："播种行为，收获习惯；播种习惯，收获品格；播种品格，收获命运。"这句话告诉我们，品格是一种待人接物的行为方式，也是一种日渐养成的行为习惯。反过来说，要培养孩子的好品格，就必须培养孩子良好的行为习惯，为孩子一生的成功与幸福打下坚实的基础。

品格是"养成的"，可以说是一种"养成教育"，而不是说教。比如孩子吃饭是自己吃，还是边玩边吃等，孩子小时候的生活习惯，长大之后就会慢慢变成孩子的个性特征。

心理学家认为，习惯是人在一定情境下自动化地去进行某种动作的需要或倾向。习惯形成是学习的结果，是条件反射的建立、巩固并臻至自动化的结果。

从人的大脑和高级神经活动的基本特点分析，习惯是一种神经系统的动力定型。由于大脑皮层有系统性活动的机能，能够把外界刺激有规律地协调成为一个条件反射链索系统，它一旦形成，就会自动地适时出现。

也就是说，养成习惯是一个行为自动化的方式，也就是稳定的条件反射活动，甚至是下意识的动作。行为习惯形成以后，就不需要专门的思考和意志的努力。在一个人一天的行为中，大约只有5%是非习惯性的，而95%都是习惯性的。

美国总统罗斯福就是一个有着致命弱点的人。他小时候是一个胆小、脆弱的学生，在课堂上总是心慌意乱、胆小如鼠，有时候他甚至连正常呼吸都好像喘大气一样。一旦被喊起来背诵，立即就会双腿发抖，嘴唇也颤动不已；回答问题时候更是含含糊糊，吞吞吐吐，前言不搭后语。

然而，他没有因为同伴对他的嘲笑而自卑。没有一个人能比罗斯福更了解自己，他清楚自己身体上的种种弱点。他勇敢地用行动来克服先天的弱点，甚至凡是他能克服的缺点他都克服！

后来，他竟然能够当众演讲。虽然他的演讲没有什么惊人之处，也没有洪亮的声音或是威重的姿态，也不像有些人那样具有惊人的辞令，然而在当时，他确实是重要的演说家之一。

罗斯福在自己的致命弱点前没有退缩和消沉，而是充分、全面地认识自己，在意识到自我缺陷的同时，能正确地评价自己，在困境之中顽强抗争，不因缺憾而气馁，甚至将它加以利用，变为资本，变为扶梯，从而登上名誉巅峰。

教育最大的不幸就是使孩子养成了不良习惯。孩子调皮捣蛋、胆小怕事等不良习惯常常会让父母感到烦恼。优良习惯对于一个人犹如运动对于健康，而不良习惯对于一个人犹如鸦片对于身体。

一个好的个性，使人受益一生；坏的习惯，则会毒害人的一生。不良习惯犹如山火，每当我们疏忽它的时候，它就蓬勃地蔓延着，起先它可能只是一个小火点，但星星之火，可以燎原，后来逐渐扩散，最后可能烧毁了你的整个人生。

不良习惯犹如毒药。不仅伤害了自己，还会伤害别人。习惯的重要性，只有那些具有不良习惯、被不良习惯逼得走投无路的人才会了解得更深刻。

民间有一句谚语，叫做"江山易改，本性难移"。那么，习惯是否可变呢？由于习惯本身具有深层和表层的特征，表层的或称后天形成的，暂时神经联结是可变的；深层的或称先天的神经系统的特点是不可变的，由于习惯的这两种特性，所以说它是可变，或说它是不可变的，只是看出了习惯的某一特征，都有一定的道理。

然而，世间万物，总是一物降一物。孩子的某些个性在遭受到重大挫折，甚至一些毁灭性的打击之后，或在一些意志力无比坚强的孩子那里，会得到暂时的收敛或压抑。

因此说，个性是否改变的问题取决于两个因素，一是神经系统的特性，二是环境影响的深浅度。从心理学的角度上看，一种不良个性就是一种不良的动力定型。倘若要改变这种品质的话，就必须破坏旧的动力定型，建立新的动力定型，这需要一个长期的，反复的过程。

改变孩子的不良个性要从改变孩子的思想认识或行为习惯开始。一方面要纠正孩子的那些行为必须准确具体，不能过于空泛。但要注意的是，需要纠正的是孩子的某些具体的行为，而不是孩子整个人。同时，不能一下子纠正孩子的许多行为，而应在一段时间内集中精力解决一个问题，这样更现实，奏效更快。

习惯是一种相当稳定的行为模式，这种稳定性决定了习惯的形成和转化只能是一个缓慢的渐进过程。教育的特点是三分教七分等，只要父母依照计划，从小处开始努力改变孩子的行为习惯，每一次改变都好比加一块砖，量变积累到一定程度才会引起质变，终有一天会积累成为高楼大厦，孩子的不良行为就会得到及时纠正。

那么，如何纠正孩子的不良习惯呢？

（1）在父母身上找原因

孩子不良习惯的养成一般都是父母前几年不负责任导致的。因此，要认真反思，从父母身上找原因，从父母身上改起。

（2）采取多种方式

特别是针对已经形成的不良习惯，矫正起来颇有些"难于上青天"的味道，要克服很多难以想象的困难，不少人半途而废，功亏一箦。因此，在改正过程中，不妨"苦练"与"趣练"相结合，采取一些有趣的形式，如通过游戏、活动、竞赛、绘画等途径，不断变换形式来进行训练。

（3）以表扬为主

要纠正孩子的不良习惯，少用批评，多用表扬，鼓励，更容易得到孩子的认可。

（4）认真改好第一个坏习惯

一旦我们成功地改掉第一个习惯，信心就会增强，以后改掉坏习惯就将变得越来越容易。随着坏习惯逐个被好习惯取代，我们将变得越来越善于改变自己的习惯，就会像一列运动着的火车那样，推动我们实现自己的理想。

（5）家庭成员管理意见要一致

"日积一善，终可登天。"改正坏习惯尽量做到天天坚持，中间不要断开。特别是家里各个成员对孩子的管理意见要一致。如果每位父母的意见不统一，孩子不知道该听谁的话，好习惯难以养成。

第七章 家长品格之效能

第一节 家庭和谐

一个美国学者通过对 20 多个国家，一万名经济条件不同家庭的儿童的调查发现，孩子们普遍重视家庭气氛和精神生活，他们希望父母能尊重孩子，不吵架、不失信、少发脾气，多点笑容。

家庭氛围是指家庭中比较稳定的占优势的情绪情感状态，它具有极大的感染力，能迅速影响人的情绪和行为。家庭氛围由家庭全体成员造成，主要由夫妻关系造成，因为夫妻关系影响家庭其他成员之间的关系。一个家庭中占优势地位的气氛，可以使人处在某种心理状态之下，长此以往，就直接塑造着孩子的性格。比如，长期处在民主、协作、公平的家庭气氛中长大的孩子，有一种被人承认、受人尊敬的幸福感，这种"内在精神的满足"培养了孩子的独立人格，长大后他一定是个有健全人格的成功人士。

相反，"慈母败子"与"严父毁子"都不是最佳的教养方式，前者由于母亲的过度宽容使孩子私欲不断膨胀，最终无法无天，后者却由于压抑限制，使孩子胆小怕事，一生碌碌无为。

家庭要重视对孩子的良好性格的培养，要运用科学的方式和途径、利用各种有利于性格培养的积极因素，消除各种不利于性格培养的消极因素，帮助孩子养成好性格，改掉坏性格，这是父母要做的最重要的事情。

1. 良好亲子沟通

世上没有不可爱的孩子，只有没有耐心的父母！教育孩子需要良好的亲子沟通。

在批评孩子之前，能有时间把事情搞清楚弄明白。请记住，在没有让孩子把话说完以前，就自以为是地答复孩子或责怪孩子，是父母的毛躁，孩子很快就能学会你的毛躁。

草率地下结论，批评孩子，就会伤害孩子脆弱的心。孩子将来也会像你一样有急躁的毛病。

不管你的孩子是男孩还是女孩，不管他是内向还是外向，也不管他活泼还是文静，更不管他天赋的高低、体能的好坏，都需要家长的耐心关注与呵护。作为父母，要及时发现孩子的成长情况和需要，才能有足够的条件来发掘孩子的优点，有效地鼓舞孩子的学习动机，才不会因为一时的愤怒而伤害孩子的自尊和安全感。

下面我们来看诚诚的事例：

> 诚诚放学回来，兴致勃勃地告诉爸爸说："在学校看到虫子变成蝴蝶的过程，用了不到几分钟就从一条虫子变成了美丽的

蝴蝶。"

爸爸听了，直接训斥他说："少在这儿说瞎话，那怎么可能呢？你什么时候学会撒谎了？"

等诚诚很认真地解释说："我是在学校的电影里看到的。"

爸爸对孩子说："傻瓜！那是电影，是假的！是摄影师拍下来的！"

所有的对话，急急躁躁的就此结束，诚诚被弄得满头雾水。更糟的是这段交谈使他得到两个结论：第一，学校的电影所告诉他的虫子变成蝴蝶的过程是假的。第二，孩子觉得自己就是笨。

以上例子中，诚诚的父亲在教育孩子时，缺乏良好的亲子沟通。其实，他应该有耐心地听完孩子的讲述，然后告诉他蝴蝶的整个成长过程是很漫长的，电影是经过长期拍摄与剪辑之后才制作出来的，告诉孩子看到的画面只是蝴蝶变化的一个缩影。也可以让孩子自己去观察虫子，看看结果就自然明白了。另外，诚诚的爸爸还可以向他简单介绍一下电影的原理是什么。

耐心地聆听孩子的陈述，你会发现，孩子确实能够协助你学习到以前你没有注意过的东西。同时能使你有机会协助孩子找到打开成功大门的钥匙，令大家喜不胜收。

而家长对孩子产生的误导，最常见的原因就是由于家长过于急躁。比如说，孩子一次考试成绩不理想，本来孩子心里就很难受了，回到家后，最需要的就是家长的安慰，可得到的却是："你整天在学校干吗吃呢？怎么才考这点分，你不嫌丢人啊……"

有几个孩子不想考第一，有几个孩子不想得到父母的夸奖，特别是有的孩子就差两分不到满分，可排名却没有进前五名，家长就说孩子笨，是这样吗？像这种情况，孩子和第一名有什么区别，家长应该平静地给孩子鼓励与肯定，帮孩子分析自己的不足，找到原因才能让孩子更好地进步。

当然，家长也不是圣人，更不是神。由于工作的繁忙和生活的紧张，因为孩子不听话或不守规矩偶尔发脾气是免不了的。但这并不能影响你对孩子的耐性。家长偶尔发脾气也是很正常的，一旦过去之后就要像雨过天晴一样，让孩子正常地沐浴在你的春光照耀之下。有节制地发脾气，使孩子体会到"道德权威"的讯息，这是孩子将来能够向上和负责的基础。

孩子的身心成长不是一蹴而就的。因此家长要有耐心地去培育他。在教育孩子的过程中，家长的耐心就是孩子成长的力量源泉。不要因为对孩子的屡教不改就因此失去对孩子的耐心，你一定要相信这次你的教导定会奏效，并细心地去发现孩子再犯同样错误的原因，而改变你的教导方法。

比如说，孩子在做作业时，经常会粗心地把题目看错，你已提醒他很多次，他还是一再犯错。这时你要保持耐心，仔细观察他学习的过程，发觉犯错的原因，加以指导。千万不要说那句话："你怎么搞的！还是这么粗心！说过多少次了一定要细心！怎么还是记不住呢？以后能改好吗？"这样你觉得效果会怎么样？说不定正是由于你的急躁影响了孩子。父母能给孩子足够的耐心，孩子才能更信赖父母。

2. 尊重彼此立场

世界上没有不爱自己孩子的家长。有些家长为了教子成材，不惜血本送孩子上贵族学校，甚至牺牲了所有的节假日陪读陪练，其间少不了强制教育，棍棒拳脚也难免，但结果往往不尽如人意，有许多孩子因此而产生了抵触情绪和逆反心理，使家长们十分苦恼。问题出在哪里呢？细究之下，才知道是这些家长的教育方法出现了问题。

俗话说："强扭的瓜不甜"。教育孩子也是一样，只有尊重彼此的立场，才能教育出好孩子。一般来讲，如果孩子有什么样的兴趣爱好，父母就应该加强这方面的教育培养。

但是，有些家长望子成龙心切，过早地、主观地按自己的愿望教育孩子，不闻不问孩子有没有这方面的爱好兴趣，强制他违心地去学，结果大多是半途而废，或者效果不佳。

因此，在培养孩子的问题上，家长要全面考虑衡量，多听听孩子的意见想法，多和孩子平等地讨论、交流、沟通，选择一个合适的、准确的培养方向。

每个孩子的成长过程都有各自不同的特点。他们认识和接受这个世界首先是从兴趣喜好开始的。所有新鲜的事物都会令孩子们产生好奇和不同认识，也许在父母看来可能是错误的，也很容易和父母的意愿产生矛盾，这时，父母就该采取一些有效的措施解决和处理，这对孩子的一生都有很大的帮助。

每一个家庭都有每一个家庭的观念，不同的父母有不同的教育培养孩子的方式和方法，从而得到不同的结果。父母教育孩子的目的在于让孩子成才，而根据孩子的意愿去培养孩子，更能收到满意的结果。

下面我们看看刘女士教育孩子的故事：

刘女士是个文艺工作者，也想让女儿像她一样，做一个小提琴手。因此，从女儿5岁开始，她就制订了详细的训练计划，每天再忙再累都要抽出时间教女儿学琴。

可是，女儿的爱好不在这里，拿起琴来就说自己胳膊疼。练琴的时候，不是要喝水，就是想起什么玩具，注意力总是不集中，练到几个月，就再也不练了。

她想，女儿既然不是拉小提琴的料，就教她学舞蹈吧。于是，刘女士每天回家又教女儿练跳舞的基本功。这孩子也真是，刚开始还挺喜欢，蹦蹦跳跳也很开心，可练习不到一周就不愿练了。刘女士也灰心了。

谁想入学以后，刘女士渐渐发现女儿变了，每天回家吃饭后就回到自己的房间里，做作业、画儿童画。

有一次，刘女士无意地哼着一支曲子，女儿马上跑出来说："妈，真没礼貌，人家画画也捣乱！"刘女士看女儿那副认真的劲儿，就笑着到她房间里看看画的是什么。嘿，真不简单，什么猫呀、狗呀、小兔子呀，画的很生动形象。刘女士有些迷惑了，她不懂画画，丈夫也不搞画画，女儿怎么会有这种爱好呢？她问了女儿之后才知道，是跟同学学的，她同学的爸爸是位美术老师。并且，女儿告诉她将来要当个大画家。

从此，刘女士就按照女儿的意愿让她学画画了。果然，她进步很快。

可见，你的意愿未必是孩子的意愿，因此，别把你的意愿强加给孩子。我们需要按照孩子的意愿培养孩子，而不是按照家长的意愿强迫孩子。当家长尊重孩子，孩子自由、开心的同时也学会了尊重他人。青少年时期个体独立性更强了，个人空间要求更强烈，我们必须提供足够的尊重。否则只能激发矛盾，使其逆反心理更强而已。

3. 实施以理服人

古希腊寓言家伊索曾写过一篇题目为《北风和太阳》的寓言，内容是这样的：

北风和太阳争论谁的威力大，他们认定谁能剥去行人的衣裳，就算谁胜利。

北风开始猛烈地刮着，行人把衣裳裹紧，北风就刮得更猛了，后来，行人冷得厉害，又加上了更多的衣裳，北风终于刮累了，就让给太阳。

太阳先温和地晒，行人脱掉了添加的衣裳；太阳越晒越猛，行人热得难受，就把衣裳脱光，跳到附近的河里洗澡去了。

这个故事启发我们：说服往往比压服更有效。北风以暴力、恶劣、强硬、盛气凌人、横行霸道的"压服"式的行为，强逼行人剥去身上的衣裳，可事与愿违、适得其反；太阳则以温和、善意、循序渐进、以柔克刚的"说服"式，自然而然地让行人不但"把衣裳脱光"，还"跳到附近的河里洗澡。"

我们不妨把"北风"比作以粗暴生硬的方式来压服孩子，把"太阳"比作以温和的方式来说服孩子，把"行人"比作被压服和说服的孩子。可以看到，最后真正征服了行人的是那种温和的方式——说服。

这无疑形象地告诉家长：在家庭教育中，只有对孩子多一点善意、温和的好言相劝，多一点和蔼可亲平易近人的亲切感，改变原有的逼迫、压服式的做法，才能增强说服力，达到教育孩子的目的。

然而，很多家长都喜欢做专制的家长，平时总是逼迫孩子服从自己的安排，常常采用压服孩子的办法。

比如，当孩子成为"双差生"时，对孩子怒斥道：再不好好学习，就不给你什么什么穿，不给你什么什么吃；当家长发现孩子有吸烟喝酒的恶习时，往往不是想着怎样从思想上开导教育孩子，而是毫无道理地不给孩子零花钱，甚至孩子上学吃饭的钱也受到严格的限制；有的家长为了激励孩子学习进步，把"分数与金钱挂钩"，使孩子感到巨大的心理压力，这实际上对孩子就是一种变相的压服和威胁。

利用家长在孩子心目中的权威，甚至利用家长给孩子提供的生活资本来限制孩子，威胁孩子，逼迫孩子听从自己的命令，这对孩子而言是有百害而无一利的。孩子成了"双差生"，就扬言在经济上这不给那不给，这只是家长的一种发泄而已，并不能起到教育孩子的作用。相反，这种做法会促使孩子产生逆反心理，变得更加是非不分，更会使孩子产生错误的金钱观和道德观。甚至有的孩子受不了压力而逃学、出走或自杀。

压服孩子会产生什么后果呢？我们看看下面这个事例吧。

有一位学生家长，总想着让孩子提高自己的学习成绩，于是就想到一个办法，威胁孩子说："这次考试必须要有进步，不然你的零花钱就要相应地减少。"

孩子倒是没有辜负家长的期待，考试成绩有了一定的进步。以后，家长就用这样的方法来要求孩子，孩子的学习本来就力不从心，加上家长给自己的压力越来越大，成绩就开始下降。家长生气孩子不听话，就不断减少孩子的零花钱，孩子连正常的买学习用具的钱都没有了，对自己更没有了自信，学习更是一落千丈。

老师发现孩子最近很不正常，就找孩子谈心，孩子就将自己的遭遇和老师说了。老师觉得家长的做法的确很不好，就找到了这位家长，想让他改变自己的教育的方法。这位家长当时没有说什么，到家就骂孩子："你行啊，老子养你这么大，辛辛苦苦供你上学，现在学会告老子的状了，你的成绩不好，我就是不给你钱花，我看你有什么本事，你再去告一次试试，老子打断你的腿!"

孩子吓得半天都不敢抬头。晚上，孩子觉得自己特别委屈，可成绩就是上不去，自己已经尽力了，看来以后都不会有好日子过了。孩子越想越觉得自己前途渺茫，实在找不到一丝的希望。绝望的孩子就从自家的楼上跳了下来，当场死亡。而孩子的母亲在失去儿子后精神受到严重刺激，突发脑溢血。孩子的父亲悔恨自己的教育不当，但仅仅是教育不当就这样毁了一个幸福的家庭。

这样的教训是很多的，我们都不愿看到这样的事情再次发生，但是还有很多父母在压服自己的孩子，从不为孩子的感受考虑，总觉得孩子就应该听自己的，对孩子不需要说服教育，觉得小孩子什么都不懂，只要听家长的就不会有错。

是的，孩子在父母面前就是小孩子，孩子永远超不过父母，但孩子是独立的一个人，孩子有自己的思想，家长总想着压服孩子是不可能的，受压迫的人总有一天是要反抗的，现在没有反抗是孩子在积蓄能量，等到孩子反抗的时候往往是很难收拾的，所以，家长不要再逼迫孩子服从自己了。家长动之以情晓之以理，孩子学会温柔待人、以理服人，家就有了和睦、温暖。

俗话说："一时胜负在于力，千秋胜负在于理。"其实，说服教育对孩子的成长发展更有帮助，说服往往比压服更有效。说服，是要让孩子口服心也服的，因而说服才是家庭教育成功的具体体现。所以，我们一定要旗帜鲜明地坚持：要说服，不要压服！

4. 消除家庭伤害

我们或许都遇见过这样的父母，孩子调皮了，犯错了，或者做了一些令家长不满意的事情，家长们就会动手打孩子，并责骂孩子。这种不正确的教育方式很值得我们反思。

长期生活在打骂之下的孩子真的能成为家长心目中理想的好孩子吗？好孩子需要从小对他严格管教，但严格管教不等于犯了错就要挨打挨骂。

父母打骂孩子，往往是出于一时冲动，却会造成不可弥补的严重后果——使孩子产生不良的心态和心理偏差，比如，喜怒无常、焦虑不安、犯罪、性格怪僻、偏激，等等。打骂孩子绝不能获得教育孩子的良好效果。这一点，迄今尚未引起广大家长的广泛重视和认可。

《中国青年报》的记者曾就"孩子挨打"问题做了一次随机性问卷调查。被调查的一百名家长中，除一名家长外，都有过打孩子的经历，被调查的一百名孩子中没挨过打的只占12%。"打"是孩子有缺点、犯错误时采取的极端措施。家长们认为，由此可起到威慑、惩罚、警示作用，目的在于教育。然而，这种手段的应用，孩子的反应如何？效果怎样呢？从调查来看，结果是随着孩子年龄的增长，由哭泣喊叫的反抗方式，过渡到无所谓和沉默的反抗方式，所以，教育的效果是"有时管用，有时不管用"，以致"越来越不管用"了。

好孩子不是打骂出来的，别动不动就打骂孩子了，看看明智的家长是怎么做的。

足球明星贝利受全世界很多人喜欢，但极少有人知道，当贝利还是孩子的时候曾有段时间染上了抽烟的坏毛病，经常瞒着父亲偷偷地跑到外面抽烟。

有一次，贝利正和一群朋友抽烟，被父亲碰见了，贝利本以为会挨揍，至少也得被父亲臭骂一顿。可是，他的父亲却很平静地对他说："你在踢球上有些天分，但如果你有抽烟喝酒的习惯，到时候就没有足够体力坚持在 90 分钟内保持最佳状态，这事还是你自己决定怎么办吧。"

更出乎意料的是，父亲说完又掏出几张仅有的钞票交给贝利，让他不要老向别人要烟抽，自己拿钱去买烟。听了父亲的话，小贝利深感羞愧，从此再也没有抽过一支香烟。

贝利父亲对儿子的教育方法是很恰当有效的。假如他看见贝利偷偷抽烟时就勃然大怒，用打骂的方式来教训他，那贝利后来可能就成不了世界超级足球明星了。

因此当孩子犯错误时，父母应抓住施教的机会，寻找妥当的方法对症下药，孩子自然就会知错改错的。用打骂的方法来教育孩子是错误的，即使家长有这种观念也是错误的。

第二节　有益社会

1. 榜样性拓展

学生时代的生活是丰富而精彩的，不仅学到文化知识，还得到了全面的锻炼和发展，这就是素质教育所倡导的广义的学习，它不仅包括课堂学习还包括各种社会实践活动中的锻炼。

广义的学习所遵循的规律类似于初中物理课本上所学过的连通器原理：无论在哪一方面有所提高，其他方面也会随之加强，所有的努力最终都会殊途同归，达到素质教育全面育人的目的。只有不断地挑战自我、拓展自我、展示自我，最终促进自己的全面发展。

做父母特别需要留意的是：上梁不正下梁歪。自己若是勤奋学习，儿女看在眼里记在心里；诚实守信、爱心待人，他们同样讲究信誉、责任。父母的榜样影响深远，把握一切身教的机会，种下理解、信任、关爱、宽容、接纳的种子。重视信仰、信念、品格的建立和塑造，通过感化、鼓励、肯定的途径，让种子发芽、结实。自己诚心孝敬长辈，推动孩子感恩的心；常常助人为乐，消除儿女的自我中心；发现错误勇敢承认，开发青少年的责任感；借着让步传递，牺牲舍己是值得肯定的美德；以追求进步和改变来教导，成熟离我们不远；用坚忍、持久的耐力开发潜在品格，告诉他们挫折并不可怕、恒心不倒是有可能的。

2. 潮流之渐缓

童年应是阳光沙滩、林荫小径，童年应是洋溢欢乐的美丽生活。而眼下，生源班、重点班、尖子班遍地开花，揠苗助长、"造星运动"时有发生，每个孩子身上堆积着老师过分的要求，肩负着父母过高的期望，孩子承受着在这个年龄不该承受之重，不能承受之痛。

孩子的成长是长期的过程。"恨铁不成钢"这种急于求成的心态在不少家庭中都或多或少地存在着，即使家里有一个人见人夸的好孩子也在所难免。绝不让孩子输在起跑线上，这固然有合理的地方，但也不完全对。

如果孩子的成长是100米的短跑，那不输在起跑线上是必要的，但是孩子的成长是一个漫长的过程，它不是短跑，而是一场马拉松长跑，要有长期努力的思想准备，要有吃苦耐劳的精神，要坚持不懈，才能取得成功。

孩子的成长轨迹一般来说是成阶梯状的，有时是高峰，有时是低潮，中间有停顿，也有受到刺激后的突变。有时你的孩子比别人慢一步，但努力了，明天他可能比别人快一步，不要认为今天慢一步，就一辈子比别人慢。有时他的内因愿意配合你，有时他的内因在排斥你，所以作为父母要相信自己孩子的成长表，是用艺术的技巧和足够的耐心去对待。

教育的长期性决定了"教育是一种慢的艺术"，这是真正的教育理念。但在现实的教育中，快与慢成了优劣之分。"快"变成了教育的成功，"慢"变成了教育的失败，一句"不要让自己的孩子输在起跑线上"的假名言不知让多少家庭奋起直追，又不知让多少孩子起早摸黑，在各种补习班的路上奔跑。

其实，人的一生有许多条起跑线，某一条起跑线上的输赢并不能决定孩子的一生，真正决定孩子一生的，往往是孩子健全的人格，那才是使孩子受益一生的优秀品质。同时促使青少年认清潮流的本质，不再盲目地跟从，让不合理的浪潮止于此。

3. 世界观改变

随着社会主义市场经济的发展和不断深入，社会上一些不良的思想和行为日益对在校学生产生一些不良的影响，面对这些不良的影响，在青少年学生中树立正确世界观具有非常重要的意义。

世界观的形成是一个长期的过程，随着实践的发展，人们对具体事物的认识越来越丰富并且连贯起来。这促使人们进一步思考：世界的万事万物有没有共同的性质与规律？人与外部世界万事万物的关系怎么样？人们认识世界和改造世界有没有可遵循的根本方法？

经过长期的积累，人们以各种具体知识为基础，思考和研究万事万物的共同性质和规律，以及人与外部世界的本质关系，处理人与外部世界关系的共同规律，从而形成了一种新的、更高层次的认识——世界观。

所谓世界观，就是人们对整个世界以及世界关系的根本观点。世界观包括社会观、自然观以及伦理观、审美观等。这是人们在社会生活中自发形成的，世界观形成后会指导人们去认识世界和改造世界。因此父母需要耐心有智慧地陪伴儿女，关注其世界观的合理形成，及时发现偏差与错误，并用爱心与温柔慢慢挽回。青春期时不免有怀疑，这是正常的，说明正在寻找、思考的路上，我们必须理解、接纳，说明需要引导与帮助。

4. 价值观修整

价值观是随着人的社会化的历程逐步形成和发展的。一般来说，青少年时期是价值观形成并逐步稳定的关键时期。在人的一生中，通过与社会不断发生相互作用而获得个性，学会其所在社会公认的价值观、生活方式、行为规范，价值观的形成是一个逐步内化的过程。

一个人出生时，只是一个单一的生物机体即自然的人，但从此就被置身于一个复杂的社会环境之中，每一时代的每个社会或群体都会按照自己的社会行为模式对他施加种种影响，使其成为符合该社会或该群体的成员，逐步懂得什么对、什么错、什么可以做、什么不可以做，从而个体逐步将所属社会或群体特有的价值观和行为规范等"反射"到个性体系中，经过"内化"而作为自己的价值观。

价值观是社会化的结果。研究表明，幼儿期对成人提供的观念完全信赖。儿童期虽已开始对人类、自然和社会现象产生兴趣和疑问，但尚未形成价值观。可见父母可以推动孩子价值导向，让他们明白有许多比金钱更重要的东西；教导他们正确的价值判断，将学习成绩放在合理的位置；给道德品质该有的位置，信守道德底线。

到了青年早期，价值观开始萌芽。高中生常体验到更为广泛的内心冲突和压力，面临较多方面的价值取向。例如，同伴团体中可能倾向于一种价值内容，而父母则倾向于另一种价值内容，此时可以与他们讨论价值意义，与其共同成长接受信仰价值取向。

高中生既想选择与同伴团体相同的价值内容以获得同龄人的认可，又不想与父母的要学习传统社会价值观又要扩充个人价值观，会有冲突现象。进入青年中期，要克服观念与行为实践的矛盾，价值观逐渐形成和稳定。